はじめに

衆議院議員　村上誠一郎

一国のトップに人を得ないと、いかにその国の政治が棄損《きそん》されていくか。それをあざやかに示したのが、現政権の五年間でした。今や永田町（政治）と霞が関（行政）は国民の信頼を失いつつあり、国の将来に明るい兆しが見えなくなりつつあります。

そのことをまざまざと示しているのが、今年（二〇一八年）の初めに実施された国民の政治意識にかかわる読売新聞と早稲田大学の共同調査です。

「政治家を『信頼していない』との回答は73％に上り、官僚を『信頼していない』も70％と高い割合を示した。政党を『信頼していない』は60％、政治の仕組みを『信頼していない』も56％と半数を超えた」（読売新聞二〇一八年三月二九日付）

国民の政治家と官僚への不信が七割を超える。かつてこんな時代があったでしょうか。森友文書改ざんの真相が明らかになる前に、国民はすでに現政権の問題点を肌で感じていたのです。

その責任は、はっきり言えば、安倍総理自身とその側近の人々にあります。この一年余に明らかになった不祥事を振り返ってみましょう。

まずは、防衛省の南スーダンとイラクの日報紛失事件。時の防衛大臣は安倍さんが後継者とみなしていた稲田朋美氏。日報はないと虚偽答弁を繰り返し、最後には公務員に責任をかぶせて幕を閉じようとしましたが、国民の非難の前に辞任を余儀なくされました。

学校法人・加計学園の加計孝太郎理事長を安倍さんは「心の友」と言っていました。その「心の友」のために、前文科事務次官の前川喜平氏が言うように、〝行政を歪めてまで〟獣医学部の新設を認めました。また前川氏は今治市に建設中の加計学園の校舎を視察して、「権力の私物化の象徴だ」と断じています。
そして、森友学園問題。
国有地の払い下げに際して、なぜ、八億円もの値引きが行われたのか。なぜ、財務省の決裁文書の改ざんが行われたのか。財務省または佐川宣寿前理財局長は何を隠そうとしたのか。

安倍昭恵総理夫人は名誉校長を一人で判断し引き受けたのでしょうか。普通の家庭なら、奥さんが名誉校長を引き受けるときは、家族に相談するのではないでしょうか。

同学園前理事長の籠池泰典氏が、昭恵夫人から「安倍からです」と一〇〇万円を渡されたと国会の証人喚問の場で証言しました。ご存じのように、証人喚問で虚偽答弁をすれば訴追される危険性があります。弁護士と事前に十分な相談したうえでの覚悟の発言ですから、これは重大な証言です。

ところが、籠池夫婦は七カ月も窓のない拘置所に入れられて、寒さのため苦しんでいました。一方、相対する人々は一切の説明を避け、国会では昭恵夫人の証人喚問は行われておりません。

官邸と霞が関で信じられない行為が行われている。これでは政治家と公務員を「信頼できない」とする国民が七割を超えるのは当たり前のように思われます。私は一政治家として、政治家と官僚が疑問を感じないで黙々とスケジュールを消化しているのを見ると、本当にこれでよいのかと思う時があります。

しかし、情けないとひとり嘆いているだけでは事は済まなくなってきました。去る三月二十七日、佐川宣寿前理財局長の国会証言が終わった途端、党執行部や安倍さんの周囲は、「総理や総理夫人の関与はなかったことが証明された」と一斉に問題が終わったような発言をしました。

安倍さんの「公文書改ざんの全容を解明する」という言明は、いったいなんだったのでしょう。小泉進次郎議員の「自民党は責任の一切を官僚に押し付けるような政党ではない」という発言がむなしく響きます。真相は藪の中のままでいいのでしょうか。

振り返れば、自民党の劣化は今に始まったことではありません。私が思うに、二〇一二年十二月、第二次安倍政権が誕生してからというもの、かつての良き日の自民党の姿は急速に消えつつあります。

党内の議論を許さない雰囲気が広がり、真剣な議論をする議員がいなくなりつつあります。安倍総理の政策や政治態度に堂々と反対の意見を表明するのはごくわずかな議員です。なぜそうなったのか。小選挙区制度で執行部が、選挙における公認・政治資金・比例の順位を一手に握ったために、下手に執行部に反対しようものなら、次の選挙で公認すら認められなくなってしまうからです。それが自民党議員が勇気をなくした原因です。

上ばかり見ているのは政治家だけではありません。霞が関のキャリア官僚も同じです。

佐川前理財局長の証人喚問を観ていた国民は、なぜ本当のことを言わないのか疑問に思ったことでしょう。国全体の奉仕者であるべき公務員が、時の権力に忖度して奉仕している様は、この国の行政機関が大きく変質してしまったことを露呈するものでした。

本書で対談している古賀茂明氏は元経産省のキャリア官僚です。彼は官僚には三つのタイプがあると言います。一つは、典型的な出世を目指している人たち。二つ目は、とりあえず官僚になれば食いっぱぐれがない。勤めあげれば天下りして、七十歳までは生活が保障される。いうなれば「凡人型」。三番目は、「消防士型」。金儲けのためでも、偉くなりたいというのでもなく、市民を助けるのが自分の仕事というタイプ。これが理想の官僚だと。

なるほどと感心したのですが、今の霞が関を悪くしている元凶がこのなかの一番目のタイプであることは言を俟《ま》たないでしょう。

けれど、官僚中の官僚と言われる財務省のエリートたちが、なぜ公の精神や矜持をなくしてしまったのか。入省したころの青雲の志はどこに消えたのか、全体の奉仕者という誇りはどうしてしまったのか。

その答えは二〇一四年に行われた公務員法改正にあります。詳細は本文をお読みいただだきたいのですが、要は、上級公務員の人事権を内閣人事局が握ったからです。そのために将来を考えるエリート官僚ほど、官邸の鼻息を窺《うかが》うようになっていったのです。

安倍官邸は、「官邸主導・政治主導」を大義名分にして、いつの間にか国会議員と官僚たちのアンダーコントロール化に成功しました。しかし、これが政治や行政の混乱を招いてしまったのです。ここから、国の将来に点滅信号がともり始めました。

「権力の行使は、抑制的にしなければならない」。今までの政治家が肝に銘じてきたことです。その大切な心構えを失くして行き着いた先が、お友達や忖度する人々への人事や仕事での優遇でした。

このままでは、本当に日本は滝壺に向かっていきます。

私は初当選以来、十一回連続当選を果たしてきました。その間、自民党を出たこともありませんし、野党が出した内閣不信任案に一度も賛成したことはありません。自民党ひと筋です。僭越ながら、ずっと自民党の中にいて自民党の良いところも欠点も見続けてきたので「ミスター自民党」と自負しているのです。

しかし、今回ばかりは、心底今の自民党のあり様に危機感を感じ、政治や行政の信頼の回復は非常に難しいと考えています。自民党の将来もさることながら、財政、外交のあらゆる領域で日本は坂道を転がり続けることになるでしょう。
そればかりは、何としても避けたい。この対談では、なによりそのことを念頭に、読者の皆さんにわかりやすく、日本が抱える病理とそれをもたらした現政権の問題点を指摘することを心がけました。テーマ別に課題解決の処方箋も考えたつもりです。

最後に、安倍さん周辺からは良く思われていない古賀さんについて述べておきましょう。対談してわかったことですが、彼は本当に正義感にあふれ、頭脳明晰。あまたいる官僚の中でも、ここまで覚悟して自分の信念を論じられる人は極めて少ないと思います。古賀さんにとって不幸だったのは、その才能と信念を理解する政治家や上司がいなかったことです。その意味でも、今回対談の機会を設けていただいたビジネス社に感謝します。
私と古賀さんが完全に一致したのは、事ここに至っては、安倍総理はいさぎよく武士(もののふ)として政治的及び道義的責任をとり、一刻も早く退陣すべきだということです。そのうえで、英邁《えいまい》な総理を選び直すこと。日本を立て直すにはそれしかない。たとえ自民党支持者でも、大半の方々がそのように思われているのではないでしょうか。本書がその理解の一助になるよう願うばかりです。

二〇一八年四月

目次　『断罪　政権の強権支配と霞が関の堕落を撃つ』

第2章 国を滅ぼす忖度官僚は要らない
――私たちの「霞が関」改造論

第3章 破綻寸前の金融・財政をどう立て直すのか
――私たちの日本再生論1

第4章 税と社会保障の一体改革を再び
――私たちの日本再生論2

第7章 日本を危うくする安倍政治に訣別を

第1章

リベラル保守再生のために

私たちの自民党改造論

悩ましい自民党の人材払底

古賀　僕は過去に、経産省の職員として多くの与野党の議員と接してきました。一時期は自民党幹部を側面から支えてきたこともあったわけですが、忌憚《きたん》のないところを申し上げますと、昨今の自民党議員の度重なる失言、不品行、見苦しい居直りには、野党はもちろん自民党支持者の皆さんも頭を抱えているのではないでしょうか。

村上　手厳しいね（笑）。確かに執行部を総入れ替えしろと言ってくる支持者もいるくらいですからね。できるものなら取り替えたいんだけど、今ではその取り替えるタマもいなくなっているんですよ。本当なら幹部といわず、総とっかえしたいくらいです。追って話しますが、今は昔の自民党とはまるで違っています。ところで古賀さん、あなたも長いこと役人をやってこられたわけだけど、経産省を辞めて何年になるの？

古賀　二〇一一年の九月に辞めましたから、六年ちょっと。

村上　その六年でも、自民党は大変劣化しましたね。私は上から十番目に古い古参議員なんです。昨年の総選挙で十一回連続当選して、議員歴は二〇一八年で三十三年目。人生の半分はずっと国会議員をやっているわけです。私より古い人で残っているのは、伊吹文明、二階俊博、大島理森、額賀福志郎、それと野田毅さんぐらいか。この人たちは、おおかた引退間近ですからね。総入れ替えも何もない。

古賀　村上さんの次の世代はどうなんですか。

村上　見ていてわかるでしょう。

　私は三十二年前に初当選したとき、国会の席は議長席の真ん前だったんです。後ろを振り返ったら、三角大福中（＊1）もいるし、前尾繁三郎さん、灘尾弘吉さん、坂田道太さん、櫻内義雄さんもいた。みんな立派な一家言をもった政治家でした。

　そのとき思ったのは、どうしたら彼らのようにいちばん後ろの席に行けるんだろうと。それで十六年たって大臣になりいちばん後ろに一応座ったのだけど、いまいちばん後ろに飛び出て二つの席がある。そこへ石破茂氏と私が座らされている。まるでセントヘレナ島みたいにね。

古賀　安倍さんに批判的な人はあからさまに干される。確かに、次世代にもめぼしい人は見当たらない。安倍さんの政治に注文を付けるなんて、とうてい無理と言うことですね。

村上　単刀直入に言うけど、自民党がおかしくなったのは、最初、小選挙区のせいだと私は思っていました。

　しかし、今のまま中選挙区に戻しても、この劣化はとまらないね。なぜかというと、われわれが後の世代の教育をきちんとしなかったからです。

古賀　昔は派閥がその役割を担っていたという人がいますが、そういうことでしょうか。

村上　昔の派閥の領袖には見識があった。若手が時の政権に逆らっても、ちゃんとカバーしてくれた。だから、党の方針に反して「スパイ防止法（＊２）」にも反対できました。だけど今はそういう見識があって力のある人がいなくなってしまった。みんなが安倍さんになびくヨイショ集団になってしまった。

古賀　安倍さんにごまをすったほうが、ポストも選挙の公認も金も、もらえる。

村上　われわれの若いときは、中選挙区で、自ら支持者と組織をつくって戦うしかないから、常に有権者や支持者のほうに顔を向けていた。だけど、今はどちらかというと、党幹部の顔色をうかがっている人のほうが多いね。

古賀　上ばかり見ているヒラメ議員。

安倍さんがこれだけ強くなって、もう五年ですね。そんな一強時代が続いているということは、党内での議論の切磋琢磨《せっさたくま》がないということですよね。

村上　そういうことです。

古賀　安倍さんの言いなりになったほうが得というのが自民党議員の行動原理だとすると、もはや党全体も、個々の議員も、まったく進歩しなくなっちゃいますね。

本来は、見識とポテンシャルのある人たちがたくさんいて、そこで自由闊達《かったつ》な議論が交わされていれば、自然とこの人は立派な人だとか、大したことないとか、個々の実像が見えてくるわけですよ。それで衆目の一致するところで人材が選ばれ、揉まれて、立派な派閥の領袖になったり、胆力のある党のリーダーに育ったりする。今はそういう過程がなくなっているんですね。

村上　そのとおりです。その原因はやはり後継者教育の失敗です。戦前の教育というと、誤解される方が多いが、旧制高校とか陸士海兵の教育は人格形成には大きいものがあったと私は考えているのです。その視点から見ると、戦後の教育はまったくナマクラですね。それは「青年の矜持」や「公の精神」を教えなかったということです。

それと、戦争体験の有無ですね。戦争の悲惨さや敗戦後の厳しい暮らしを知る人はほとんど他界されています。私などは、そういう人たちの薫陶を受けた最後の世代なのです。

古賀　生まれて小さかったころを思い出すと、傷痍《しょうい》軍人が道端に座ってお金をもらっていたり、道行く人が救世軍の鍋にお金を喜捨したりしていました。

村上　そういう戦争の傷跡とか戦後の苦難を、何かしら、われわれの世代は感じているんですね。そんな苦しい中でも、われわれの親世代は、とにかく教育がいちばん大事だという文化があって、食費を削ってでも、子どもの教育に未来を託してきたんだね。

古賀　でも今の若い親の中には、教育についてそこまでの思いをなくしてしまった人たちもいるようですよ。お金がなければ、別に上の学校に行かなくていい、行ったって、大したことないと。

村上　確かに今の大学は大したことないね（笑）。それで困るのは、いつの間にか、政治家は賢くなくともよいという風潮になってしまった。戦後の歴代総理を見ると、岸信介、池田勇人、佐藤栄作までは旧制高校か陸軍士官学校（陸士）か海軍兵学校（海兵）を出ている人が大半だった。それが戦後の新制大学を出た人が総理になるころから、政治家はあまり賢くなくともいいとなってしまったのです。

古賀　なるほど、言われてみれば、そうかもしれません（笑）。では、自民党への批判だけではアンフェアですからね、ここで民主党についても、私の体験も含めて、ひと言言っておきましょう。

民主党の大臣たちもいい加減だった

村上　その前に古賀さん、何で急に経産省を辞めたのですか？　よかったら、わけを聞かせてください。

古賀　二〇〇九年に民主党政権ができたときに、仙谷由人（行政刷新担当相）さんに呼ばれて補佐官になってくれと言われたんですよ。ところが、発令の前日に財務省がねじ込んでそれをやめさせたんですね。古賀は官僚の利権に本気で切り込んでくるから危ない。絶対にダメだと。その結果、僕はどこにも行けなくなり、内閣審議官をやっていたんですけど、しょうがないからいったん経産省に戻った。だけど、年度の途中ですからポストがないわけです。

村上　おやおや。

古賀　しばらく待機していたら、みんなの党の小野次郎さんに国会に呼ばれて、民主党の公務員改革案は出来が悪いんじゃないかと質問されたんです。それで僕は、大きく後退していますと答えてしまった。本当にそうだったからです。それでもう完全にアウトですよ。

村上　民主党に居場所がなくなってしまったのですね。

古賀　でも、マスコミがみんな喜んで取り上げるから僕をクビにできないんですね。歴代民主党の大臣はほんといい加減で、「古賀さんみたいな優秀な人はぜひ私が使いたい」とか言うものだから、事務方も僕をやめさせられず、ずっと残っていたんですけど、結局仕事もなしに一年九カ月のあいだ、ほったらかしにされたんです。

だから、さすがに、税金でそんな無駄飯を食わさせてもらうわけにはいかないと思って、枝野幸男経産相のときに、経産省を辞めました。

村上　そこらあたりが、民主党の没落の始まりなんだなあ。

古賀　その後は、むしろ自民党のいわゆる改革派と言われる人たちを応援していたんです。

村上　改革派って誰がいたの？　そのころ。

古賀　いわゆる上げ潮派の人たちですね。中川秀直さんとか……。

村上　そこが間違いではないのかな、私から言わすと。どうして上げ潮派なんかに加担したのですか？

古賀　上げ潮派といっても、僕はマクロ経済ではなく、ミクロの規制改革とか、そっちのほうです。経済評論家の高橋洋一君とか原英史君とかもそうですが、それもうまくいかなかったので、僕は途中で見切りをつけて、大阪維新の橋下徹さんに呼ばれてそちらに行きました。そのときは、大阪の天下り改革や大飯原発再稼働反対のためのアドバイスなどをしていたんですけど、橋下さんが石原慎太郎さんと組むというので、それはおかしいだろうと言って袂《たもと》を分かったわけです。

村上　そうだったんですか。

安倍政権の情実人事

村上　現政権と自民党のいちばんの問題はなにかといえば、権力者の周りにお友達か、思想的に同じ者か、イエスマンしかいないということです。

古賀　それは古今東西を問わないですね。一種の独裁政治。阿諛追従《あゆついしょう》の側近で固めた権力は必ず腐敗します。

村上　そのとおり。今は朝野を問わず、おべんちゃら人間ばっかり。学者の質もまた落ちた。財務省の異端児と言われる人々の意見をなぜみんな聞くのですか？　安倍さんをはじめとして。

古賀　彼がどれくらい影響力があるかわからないですけど、内閣官房参与の浜田宏一さんのような大御所の影響力は大きかったでしょうね。浜田さんのことを、いろいろ悪く言う人もいますが、なんと言っても、浜田さんはエール大学の名誉教授。それが大きい。

結局、日本人というのは〝舶来信仰〟の〝肩書主義〟が抜けていない。ケント・ギルバート氏の本が何であんなに売れるかというと、アメリカの白人だからだと出版社の人が言っていました。

村上　ケント・ギルバートさんはよくテレビに出ていたからね。一時は姿を消していたけど、最近また復活してきましたね。

古賀　安倍さんのいちばんいけないところは、自分の考えとピタッと同じことを言う人、平気でカラスは白いと言ってくれるような人物がうれしいわけですよ。

僕は安倍さんと親しくないんですね。ほとんど話をしたことがない。一回だけ、昭恵夫人から「古賀さんから、脱原発の話を安倍にしてください」と言われたという人に頼まれて、野党時代ですけど、議員会館に行って一時間ぐらい、特に原子力規制委員会を独立委員会にすべきだという話をしたことがありました。

「はあ、はあ」と、ちゃんと私の話を聞いてくれましたよ。だけど、たぶん難しくて、まったく理解できなかったんでしょうね。

村上　私も安倍さんに原発事故の問題点と汚染水対策を進言したことがあるんです。原発事故の原因がきちっと解明されてないし、汚染水対策として凍土方式はだめだと何回も言っているんですよ。

古賀　たぶん基本が何もないですね。

村上　基本がない――そうか。

古賀　基本的に勉強してないですね、安倍さんは。だから、驚くようなことを言います。

最初、総理に就任したときに、「所得倍増です。皆さんの給料を二倍にします」と言ったんですよ。周りのブレーンがびっくりして、「いや総理、違うんです」と大あわてでした。

このとき、安倍さんはGDPと個人所得の区別ができてなかったみたいなんです。ブレーンが名目GDPを二倍にするというキャッチフレーズを考えた。それで、「国民所得（GDP）倍増」と、かつての池田勇人総理の真似をして言わせようとしたら、「みなさんの給料が二倍になるんです」と安倍さんがやってしまった。

村上　それは補佐官がいけないのかな？　それで聞くけど、何であんなに今井尚哉《たかや》さんが力を持ったのかな？

古賀　首席秘書官の今井君、いや今井さんのことですね。彼は、経産省によくいるタイプなんですけど、本当に行け行けどんどんという感じで、また気の弱い上司をうまく使うんですね。だから、安倍さんを使ってやろうという感じですよ。

村上　ほお〜。

古賀　でも、そのためには安倍さんに取り入らないといけないから、徹底的に「私はあなたに仕えます、一心同体です」とでも言ったのでしょう。推測ですが、安倍さんが第一次政権を放り出したどん底のときに、相当精神的にフォローしたり、かばったりとかいろいろ尽くしたんでしょうね。安倍さんは、そういうお友達を大事にするんです。

村上　大事にするねえ〜。前回の選挙で高村正彦副総裁は、体力が続かないからと自分の息子に議席を譲ったわけ。ところが、この間総務会へ行ったら彼が座っているから、「なんでここにいるの」と聞いたら、「総裁指名」だと言うわけですよ。副総裁留任だと言うのです。

古賀　議員は辞めても、副総裁は務まるというわけです。安保法制の成立に尽力した論功行賞じゃないですか。

村上　昔、田中派に西村英一という大分県選出の長老議員がいました。田中角栄総理は、西村さんは人格・人柄がいいからと、顧問格で遇したわけです。これは、わかる。誰も文句を言わなかった。ところが高村さんは、体調が悪いからとみずから議席を譲ったのに、副総裁のまま、まさに今井秘書官と同じ。明らかにおかしい変な人だとわかっていても、お互いかばい合い助け合う。そういう意味では、政権運営のための互助会みたいな感じで、もう何でもありだというわけです。これが、安倍政権の最大の特色だと僕は思います。

古賀　やくざと同じです。相変わらず政治の私物化が終わっていない。

　要するに限度がないんです。権力を使うということについても。普通、権力の行使は抑制的じゃないといけない。でも、常に誘惑があるからどうしても行き過ぎになってしまう。でもマスコミもいるし、いろんな批判もあるから、それに応じてそれなりに抑えてきたのが歴代の政権だったんだけれど……。

村上 そう、節度があったよね。

古賀 安倍さんにはそれがないんです。だから、今までの仕組みが通用しないんですよ。

村上 おっしゃるとおり。

古賀 官僚は、公務員法もあるし、常に政治家の圧力を受けているわけです。いろんな先生からああしろこうしろと言われて、「いやだな、なんだこいつ」とかこぼしながら、それでもなんとかやっていられた。ところが、安倍さんのやり方は違うんです。言うことを聞かなかったら、ただ干すとかいうことでは済まない。個人攻撃までして、社会から葬り去ろうとさえしてきますから。

村上 公務員にとっては、一種の恐怖政治です。われわれ議員は選挙に勝てばリセットできるからまだいい。しかし、官僚が気の毒なのは、たとえば官邸に逆らえば飛ばされて、ポストも失って、もうそれで終わりになる。復活の芽はない。

古賀 財務省の理財局長だった佐川宣寿氏、前国税庁長官が、国会答弁で必死に安倍政権を庇ったのも、それが理由でしょう。自分の保身と出世、そして組織防衛です。森友学園の国有地売却に関する公文書は廃棄したと嘘で押し通してしまった。彼は自分の言っていることがおかしい、世間では通らないなんて百も承知で、安倍総理に恩を売ったのですよ。

官邸は彼の献身に報いて国税庁長官の椅子を用意したというわけです。

村上　呆れたもんだね。あなたの言うとおりだ。だけどね、永田町の情実人事はもっとひどいよ。それは、「総理閨閥《けいばつ》」の抜擢人事・登用です。祖父が、あるいは父親が総理という議員が日の当たるポストに座る。門閥政治そのものです。

古賀　父親が総理と言えば、田中眞紀子さん、小渕優子さん、鈴木俊一さん、小泉進次郎さん、竹下元総理の弟・竹下亘さんあたりがすぐ浮かびます。彼らが無能だとは言いたくないですが（笑）。

村上　古賀さんも、はっきりものを言うね（笑）。

古賀　断っておきますが、私は単純な反自民じゃないですよ、むしろ最初は反民主党で注目されたわけで。

村上　昔の自民党というのはそれぞれ派閥の領袖が見識もあったし、それぞれ力もあったから、そういう極端なことは許さなかった。しかし今では、はっきり言って、北朝鮮よりひどいと言ってくる支持者もいるくらいです。

古賀　そんななかでひとり、村上さんは自民党の重鎮として、いいものはいい、だめなものはだめとはっきりものをおっしゃっておられる。

村上　いやいや（苦笑）。自民党の総務会だって、私の味方は野田毅さんぐらいで、あとは全員執行部寄り。本当にひとりで斬り込んでいくしかないんです。そのときに、あんたは気楽でいいなんてよく言われるけど、そうではありません。理路整然と発言するために、神経を使うんですよ。はっきり言うと、どんどん安倍さんのシンパが総務会に送り込まれてくる。だから、ますます理論武装しなければならないのです。

古賀　村上さんは自民党の重鎮ですよね。当選回数十一回。誰に遠慮することなく政権・政策批判をしておられると思っていました。それが、村上さんでも、いろいろ神経をすり減らしておられるなんて、外からは想像もできない。実はいま、村上さんに対してすごく期待が集まりつつあるんですよ。なにしろ、今や左翼のほうですら絶望しているんです、安倍一強にはとても太刀打ちできないと。

村上　前回の衆議院選で、まさに古賀さんの言われるとおりで、山間部へ行っても、島しょ部へ行っても、どこへ行っても、雨の降りしきる中、みんな家から出て来て、頑張ってと応援してくれました。驚いたのは、ある学校の先生が来て、「村上代議士、私の友達にガチガチの共産党員がいるんだけど、彼が先生に入れると言ってます」と言うんですよ。びっくりしましたね。要するに、右も左も関係ない。安倍さんの政治が正しいと思っていないのです。そういう人たちがみんな私に入れてくれたんです。

古賀　感覚的に安倍さんだと国が危ないと思っている人は国民の半分以上はいると思いま

す。だからといって共産党に入れたって変わらないだろうし、民進党に入れようかなと思ったらバラバラになっちゃうしとびっくりしている。その絶望感の中で、やっぱり自民党を変えてもらうしかないよねという人たちも出てくるわけですね。

だから、決して自民党に入れたくはないんだけど、もう目をつぶって鼻つまんで、自民党の議員の中で誰かいい人いないか、一生懸命探しているわけです。そういうときに、村上さんの選挙区の人から見れば、もう希望の星みたいになってきた。そして、これからますます期待が高まると思います。

村上　ありがたいお話です。しかし、やっぱり古賀さんのように臨機応変にしなければならないと思います。私はなにしろ猪突猛進だから。

保身のために平気で嘘をつく

村上　安倍さんが限界だと思うのは、よき自民党のよき面を破壊してしまったことですね。本来、自民党というのは自由闊達《かったつ》な政党でした。私が当選してある部会に出席したら一回生でも十回生でも差別なく、自由闊達に発言ができていた。あるとき、高校・大学の先輩である橋本龍太郎蔵相の秘書官にこう言われたんです。「村上、自民党というのは自由な発言ができる。みんな黙って君の話を聞いてくれる。しかし、その間、君の頭のてっぺんから足のつま先まで人物鑑定しているから、きちっと理論武装して発言したほうがいいよ」と。

以来私は、その忠告を守ってきたつもりです。

ただ、最近の若い人を見ていると、スマホでパチパチ撮って、自分はこの部会に出ましたとか、この委員会に出ましたとか、自分のブログを書くことに熱心で、本当にその中身を理解しているのかなと思うのです。

今もおかしいと思う特定秘密保護法、それから集団的自衛権、そして共謀罪。はっきり言って古賀さん、国会議員がそれらの問題点を理解しているのかなと思う。

今の自民党議員には、いかに党幹部にお追従《ついしょう》を言ってポストをとるかばかりを考えて、政策とか哲学とか、そういうことを考えている人が何人いるのだろうか。

古賀　たぶん、それが習慣みたいになっているんです。最初のうちは何か変だなと思っていた人もたくさんいたと思うし、今もいろいろ言いたいなと思っている人もいるかもしれません。だけど、それを思い切ってやった人が干されるのを見て、これぐらいに抑えておかないと危ないと自己規制してしまう。それでもなお、誰かがやり玉に上がって干されるということで、だんだん自分でも自主規制を強めていく。そのうち今度は、積極的におべんちゃらする人たちが登用されていくのを見て、どうせ何も言えないんだったら、おれもそうするかみたいな。

村上　もうはっきり言わせてもらうと、公人の劣化だと思います。政治家や官僚、財界人、マスコミ人などに、あらゆる意味で責任感と矜持がなくなりつつあるのではないでしょうか。

古賀　「安倍一強」は「強い」という字を書くでしょう。そうじゃない、単なる「安倍一狂なんだ」と、ある自民党議員から聞きましたけど。

村上　しゃれたこと、言うじゃない（笑）。私とか古賀さんみたいな人間は、安倍さんにとって煙たいんですよ。集団的自衛権のときも私は反対しましたからね。

あのときショックだったのは、同じ高校や東大法学部で学んだ仲間の議員が何十人かいるわけですよ。そのうち何人かは、私に同調してくれると思っていたが、一人もいなかった。私はショックを受けて……。顔では平然としていたけど、あのときは正直言って、これが戦前の大政翼賛会だなと思いましたよ。

古賀　あのときは村上さん以外に、もう一人、本会議を欠席した人がいましたね。

村上　そう。ただ一人、若狭勝君がやって来て、「私も特捜にいたから、たとえ一回生でも、良心的についていけない」と言うんですね。

結局、若狭くんと私の二人だけが、本会議の決議に欠席したのです。
古賀さんは重々承知だと思うけど、集団的自衛権の行使は明らかに違憲です。自民党議員の中には法律のプロである弁護士出身者が何人もいる。先輩の谷垣禎一さん、高村正彦さん、稲田朋美さん、みんな弁護士の資格を持っているんです。議員と弁護士のダブルバッジね。そのダブルバッジが明白な違憲を合憲だと言い切る。信じられないことです。
ところで古賀さん、東大で、憲法を誰に習いました？

古賀 小林直樹先生です。芦部信喜さんもいましたけど。

村上 そうそう。われわれは共に小林直樹さんに習っていたわけね。あの小林さんが、集団的自衛権の行使を合憲だなんて言うわけがない、絶対にね。芦部さんだって、そんなこと何も言ってない。東大名誉教授の長谷部恭男さんも違憲だと言っている。なのに、カラスが白いと平気で言えるという彼らの気持ちが私にはわからない。

古賀 あれは極《きわ》めつけですね。

村上 そうそう。

古賀 たぶん、官僚でもあれを合憲だと思っている人はいないと思います。

村上 霞が関まではみんな私と同じ違憲という考えです。それが永田町だとガクンと減って、自民党本部に入ると一人だけになった。これにはまいったね、本当。

つまり、人間社会の怖いのは、百人のうち九十九人までが客観的に正しくないことを正しいと言うと、それが正しいとなってしまうのです。

世襲議員の質をなぜ問わない

村上　私も四世議員だからあまり大きいことは言えないんだけど、このままいくと自民党議員は、ほとんど世襲議員と県会議員の出身者しかいなくなる。

古賀　それと、マスコミ出身議員の質も落ちましたね。

村上　昔は、石橋湛山、緒方竹虎、田中六助とか、まさにマスコミ出身の重鎮がいたんだけどね。彼らとくらべてはかわいそうかもしれないけれど。まあ、長い目で見ましょう。

とにかく、私が今いちばん心配しているのは、五年、十年後の永田町や霞が関。それを想像したら、背筋が寒くなりますよ。

古賀　村上さんは言いにくいと思いますけど、はっきり言うと、昔も政治家でおかしいのがいっぱいいいたわけです。だけど、重鎮と言われる人たちは、ちゃんと官僚の意見を聞いていた。官僚も、政治家がオーバーランしても何とか政治の辻褄《つじつま》を合わせなくてはと汗をかいていた。いまハマコーさん（＊3）みたいな人はいなくなったけど、逆に存在感の薄い国会議員がいっぱいふえて、彼らが何もしないわけだから始末に困る。

村上　本当は今こそ政治家と官僚がリーダーシップをとって、政策の良否を判断しないといけないんだけど、それを誰もしなくなったでしょ、今の官僚は。

古賀　官僚がリーダーシップをとるのは問題ですけど、官僚は良心に従い、専門的知見に基づいて、言うべきことは言わなくちゃいけない。ところが、なんどでも言いますが、安倍さんの取り巻きの思いつきで政策が決められている。

村上　だから、病気でいうと病巣にメスが入らないわけです、いつまでたっても。立派な総理が出るまでは何も期待できないということです。問題は、そこなんですよ。

それからもう一つ。これも大切なことだけど、イギリスは、たとえばサッチャーのように雑貨商の娘でも能力があったら首相になれます。日本で首相になろうと思ったら、三代にわたって財政的ストックがないと難しい。自民党は安倍さん、麻生太郎さん、福田康夫さんです。親子三代あるいは二代でストックのある方々です。元民主党の鳩山由紀夫さんも同じです。それがないと、どっちのトップにもなれない。これでは、たとえ優秀な人であっても、いつまでたっても総理にはなれないですよ。

古賀　これは、ある与党政治家から聞いたことですけど、安倍さんがなぜあれだけ失敗しても総理をやれるのかというと、安倍さんのお父さんの晋太郎さんが「安・竹・宮」（＊）

のときに総裁選のために多額の政治資金を用意した。だけど、晋太郎さんは結局総裁選に出なかったから、その政治資金がそのまま残っているという話です。これが本当かどうかは知りませんが、安倍さんは相当なお金持ちということみたいですね。

村上　総裁選に金がかかるのは、田中角栄さんの時代からの歴史的事実だけど、今もけっこうかかります。まあ、民主党時代の鳩山首相のときも世間はずいぶん騒ぎました、鳩山兄弟は、二人ともちょっと変わっていたけど、なぜ由紀夫氏が首相になれたかというと、お母さんがそれぞれに多額の遺産を残してくれたおかげではないでしょうか。

古賀　麻生太郎さんは、親子三代にわたって大企業のオーナーですよね。

村上　だから、日本の政治もなかなか適材適所にならない。ここをどうするかだよね。

古賀　政治の世界も格差社会になっています。

村上　そういう面がありますね。昔はそれぞれの町々に、あるいは、地域・地域にいい意味での旦那衆がいたわけです。

それで、私のような者でも、たとえば三島川之江市へ帰るとユニ・チャームの高原勇太郎会長がいたり、西条市に行けば元市長で病院長の村上徳太郎先生などがいて、そういう人たちに物心両面で応援してもらいました。だから、檜垣徳太郎さんでも、塩崎潤さんでも、私の祖父でも父でも昔は功成り名を遂げると、郷土出身の人々が地元へ連れて帰り、応援して政治家に育てたものでした。

本来なら、そろそろ私どもも世代が行わなければならないのだけれど、なかなか応援体制がつくれない。だから、次の世代をどうやって育てたらいいのかと心配しております。

古賀 なるほど、いい意味でのスポンサーがいなくなったということですか。

村上 われわれが最初に政界に出たころは、さっきも言ったように官僚もしっかりしていたし、やっぱりそれぞれの先輩政治家もしっかりしていたから、自民党の部会とか国会の委員会に行くと、ああ、こういう切り口で質問しているのかと学べたのです。毎回出ているとすごく勉強になったものです。

いま、部会へ行っても思いつきや感情的な意見を言う人間はいても、若手の勉強になるような議論はなかなか出てこないんだね。話を聞いても何のためにもならないわけです。だから、官僚から見たら、今の若手の人たちの議論を聞いて自民党の将来の政策は大丈夫かと思っているのではないかと思います。

古賀 官僚が政治家をどう見ているかはともかく、国民の目からも世襲議員の劣化は明らかじゃないですか。

村上 三、四十年前の国会議員と今の議員とでは、まったく質が変わってきている。

今、私がつくづく思うのは、それは昔は政治家にもいろんな人がいたけど、やっぱり昔の政治家には人の話を聞く度量がありました。
私事ですが、私の伯父の村上孝太郎が財政硬直化のキャンペーンをやったのが、今から五十年前の昭和四十二年、大蔵省の主計局長のときです。そのときの総理は佐藤栄作さんで、伯父より十歳以上年上の大先輩です。佐藤さんの偉いのは、一局長が来てもちゃんと聞く耳を持っていたことですね。

古賀　いま、政治家の人気はマスコミがつくりますから、実力とは関係ない。

村上　そういう面があります。

古賀　小泉進次郎人気がその典型です。進次郎さんは、農政は素人でした。それがいきなり農水部会長ですから、適材適所とは言い難い。ただ、人気者で改革派というイメージがある彼を使えば、安倍政権の農業改革は本気なんだと国民には見える。実際はほとんど成果は出ませんでしたよね。小泉氏は若くてまだまだこれからでしょうけど、そういう使い方をして潰してしまえということなんじゃないかとさえ思えます。
ほかにも、進次郎さんとは比べ物にならないくらいのダメ政治家がたくさんいます。第二次安倍政権でいえば、虚偽答弁の稲田朋美元防衛相、記者会見でブチ切れた山本幸三元地方創生相、まともに答弁出来なかった金田勝年元法務相、江崎鉄磨沖縄北方担当相など……。この人たちの仕事ぶりは、いったい国民の目にどう映ったことか。

村上　安倍さんも、人事の適材適所の意味を勘違いしているのではないか。われわれが三、四十年前に入った永田町や霞が関では考えられないことがいま起きている。

それで、情けないのは、そりゃ官僚はポストを外されたらえらいことになるけど、政治家の間違いをなんでみんな指摘しないのか。

古賀　やっぱり役人の質もすごく下がっているので、切磋琢磨の逆ですよ。政治家と官僚が、お互いどんどん堕落している感じ。

村上　堕落どころか、ただのスタンディングマシーンになっているような気がします。

小選挙区の弊害

村上　私は以前から指摘しているのですが、公務員法の改正によって人事を官邸に持っていった。それで、まともなことを言うと官邸が、自分たちの意に沿わないということでポストから外すので、官僚たちは物言えば唇寒し秋の風になって、それでみんな黙っている。

それと同じことが自民党内にもあるわけです。これはもう小選挙区制になったときからわかっていたことなんです。小選挙区制になると、公認・比例の順位・政治資金などの全てが、執行部に握られるんです。

古賀　政治家のほとんどは安倍さんにごますって選挙区とポストもらったら、それで政治をやった気になっているんじゃないですか。

村上　そうですね。われわれが三十数年前、国会に出てきたときに先輩たちに言われたのは、県会議員と国会議員とでは仕事の内容に大人と子どもぐらいの差があるんだと。たとえば財政でも金融でも外交でも経済でも、県議会では議論しない。しかし、国会でそれはとおらない。財政・経済・金融・外交・国防などは自分で勉強してこいと言われました。しかし今や、議員で、財政や金融政策を勉強しようという人は少ないようです。

古賀　村上さんはもともと小選挙区反対ですね。

村上　そうです。そのために私はいつもこうやって証拠を、私の発言を取り上げた過去の新聞記事や講演録などを残しておくわけです。後でいくら言っても後知恵だと言われてしまうから。

私は初めから小選挙区は間違いですよと言っています。最後まで反対したのは、私と島村宜伸元農水大臣だけだった。そのときはっきり言ったことは、この制度の怖さは、みんな通るときは通るけど、落ちるときはみんなが落ちるんだということです。

あのとき、なぜ小沢一郎氏がそれを考えたかというと、彼はその当時いつでも総理になれる男と言われたんですよ。そのときに、自民党内を抑えるにはどうしたらいいかと考えたのでしょう。小選挙区制というとまず公認権を持つでしょう。それから政治資金も押さえるでしょう。党内支配のための道具だったのです。

古賀　小沢さんの知恵ということですか？

村上　そんな綺麗なことではないと思うけど（笑）。実は、それを完成形にしたのは小泉純一郎元総理で、二〇〇五年秋の郵政選挙です。小池百合子さんたちを刺客に立てましたよね。あれが自民党国会議員のトラウマになってしまったのです。総理に盾突くと、公認まで外される。

そのときに私が思ったのは、このような制度にしたら必ず民主主義は壊れるということです。案の定、今の自民党は上から下までお追従の集団になってしまった。二〇一七年秋の臨時国会を開くときも、安倍さんは丁寧な説明をすると言っておきながら、開いた途端に、説明どころか所信表明演説もやらないで衆議院を解散してしまった。

古賀　選挙が終わったら、またモリ・カケの追及が来るものだから、今度は野党の質問時間を減らして質問封じをしようとした。まったく姑息な事を考える集団になってしまった。

村上　おっしゃるとおり。

情けなかったのは、この間、総務会へ行ったら、今度、野党の質問時間を減らすということで全員賛成。ある議員にいたっては、自民党の若手議員は質問時間が少ないから、政策NGOがやっている評価ランキングで低い点しかつかない、だから若手の質問時間をふやすことは大賛成だと言う。これには、あきれましたね。

古賀 村上さんとしては、昔の中選挙区制か、もしくは比例代表制に戻せと……。

村上 結論を言うと、あのときは「連座制の強化」と「斡旋利得罪の強化」でよかったのです。連座制を強化して、たとえ選挙に当選しても後援会幹部が捕まったら、議員の当選が無効になるようにした。だからいま、みんな選挙で金を使わなくなったのです。

結果としても、連座制の強化で十分だったのに、中選挙区制は金がかかるとか言って小選挙区制を導入してしまった。

ただ日本はやっぱり保守的な国で、なかなか一回通った法案を元に戻すのは難しいです。中選挙区制に戻すには多大なエネルギーが要るのです。

古賀 あのころは改革しようとしても、総理のリーダーシップが弱いからなかなかできないという時代でした。そもそも、議院内閣制ではみんながいいと言わないと何もできないですから、ある意味、大統領制を夢見ているようなところがあるわけです。

村上 それは、誰が夢見ているんですか、大統領制を。

古賀 たぶん国民がそういう立派なリーダーが欲しいと願っていたんです。そのときに、今までの中選挙区では派閥にとっても金もかかると。じゃ、ちゃんと政策論争をして二大政党に整理して、それぞれの政党がこの人がリーダーだとわかりやすい形で押し出せばいい。そんな考えがあったんじゃないかと思うんです。

村上　なるほど。

古賀　公務員法の改正もちょっと似たようなところがあって、要するに昔は官僚主導と言われていましたね。いくら政治家が立派でも、官僚が抵抗して改革ができなかった。だから、官僚を思いのままに動かせるようにしないといけないとなった。それが公務員法改正の目的だったのです。ところがいったん制度ができると、今度はそれを前提にして自分の都合のいいようにそれを利用しようとする。今の安倍政権がまさにそれです。

たぶん小選挙区制も、できてすぐ弊害が出たわけじゃないんだけど、やっぱりそれをうまく使おう、うまく使おうとやってきて、最後にそれを究極の形で悪用しているのが安倍政権なのです。

村上　結論を言うと、政治主導ではなく、政治支配です。皆さんどう判断するかわからないけど、日本に二大政党制はなじまないと思います。日本というのは村社会の集合体だから、ほぼ全会一致方式です。だから、マジョリティ対マイノリティになって、そのマジョリティの中でどういうふうに判断していくかという形なのです。

一対一の本当の二大政党制みたいになったのは、歴史的に見ると「南北朝」のようなときで、日本ではだいたい内乱状態なんですよ。それを、強引に二大政党制にもっていったところに、無理があった。

つまり日本人はほぼ同一民族だし、価値観もほぼ変わらないわけです。アメリカの民主党対共和党のように、意識して二大政党制を擬制化してやるというのは、それはそれでいいんだけれど、そもそも日本はそういう土壌じゃないのに無理やり中選挙区にしてしまったところに、大きな失敗があるんじゃないかと思うわけです。

古賀　昔の自民党の派閥が、その役割、つまり実質的な政権交代の役割を果たしていたということですね。

村上　そうですね。概して派閥はいけないと言うけど、派閥も悪いことばかりではなかった。やはり政策の研鑽や新人の発掘だとか、ある面では互助会的なところがあって、派閥の長はそれぞれ見識があったから、政策のチェック・アンド・バランスが効いたんです。コンピューター付きブルドーザー田中角栄氏からクリーン三木（武夫氏）、クリーン三木から経済の福田（赳夫氏）、福田氏からリベラル大平（正芳氏）という振り子の原理があったのです。

古賀　それが、森喜朗さん以降ずっと清和会（＊5）出身の総理が続いたから、その振り子が元に戻らなくなった。なおかつ安倍さんの周りはお友達ばかりで、政策にも偏りが著しい。安倍さんは解散権も好き放題に使っています。

村上　安倍首相になってからは、あなたが言うように恣意《しい》的な解散権の乱用だと思います。それも消費税増税を三回、選挙の焦点にし、財政は悪化する一方です。

いま最大の政治焦点になってきた憲法改正について言えば、「環境権」や「知る権利」、それから総理大臣の「解散権の制約」など、国民が理解しやすい論点から入っていくべきです。

「憲法九条」や「集団的自衛権」のように大きく議論の分かれるところは、じっくりと慎重にやるべきです。

結論を言うと、中選挙区では自分で組織をつくって選挙を戦わなければならないから、政治家は自分の身代を潰す覚悟で選挙をやってきたのです。

われわれは有権者や支持者に目を向けるから、五人、十人の小さな座談会を千回もやったんです。それは必死でした。

だけど、今の若い議員はどっちを向いているかというと、党の幹部ばかり見ているわけです。公認と比例と金さえもらえば、風で通る。それが今の自民党の劣化を招いた大きな原因の一つなのです。

古賀　小選挙区の弊害がここまで政治の退廃を招いていることに、国民もそろそろ感づいていると思います。

特に、民進党が分裂して小さな野党がたくさんできた。政権交代など、夢のまた夢という感じです。政権交代のためには、野党が野合して選挙協力しなければなりませんが、それをやって、仮に政権に就いても、今度は政策の違いでまた内部対立となり、内側から崩壊していく。

じゃあ、中選挙区に戻すしかないのかということになるのですが、それでうまくいくのかどうか、確信がもてません。

私は、今の自民党の強さの裏には、やはり政治資金の問題があると思います。政権与党が経団連と一体化すれば、野党はとても太刀打ちできない。ここを改革すれば、市民に支えられた政治家がもっともっとふえて、国民本位の政治が実現すると思います。

＊1　三角大福中　順に、三木武夫・田中角栄・大平正芳・福田赳夫・中曽根康弘。佐藤栄作首相の次の総理大臣候補のこと。

＊2　スパイ防止法　「国家秘密に係るスパイ行為等の防止に関する法律案」の略称。一九八五年の第一〇二回国会で議員立法として自由民主党所属議員が提出。第一〇三回国会において審議未了の

ため廃案となった。

＊3　ハマコー　浜田幸一（一九二八―二〇一二）。自民党衆議院議員、「国会の暴れん坊」の異名を持つ。議員引退後、テレビタレントとして活躍。

＊4　「安・竹・宮」　中曽根康弘総理大臣の次の総理大臣候補のこと。順に、安倍晋太郎・竹下登・宮沢喜一。

＊5　清和会　自由民主党の政策派閥。福田赳夫を中心にして結成されたタカ派色の強いことで知られる派閥。現在の細田派。

私たちの提言

村上：❶旧き良き自民党、寛容なる国民政党への回帰。平和憲法遵守・立憲主義と民主主義を貫く。

❷中選挙区制に戻し、１人２票制にすることで、公平に実力のある政治家を選べるようにする。

❸総理の解散権を制約する。

古賀：❶企業献金の全廃（パーティー券も含む）。

❷すべての政治資金・政党交付金・文書通信交通滞在費などの支出を領収書も含めて四半期ごとにネット公開。

❸政治家の全資産をマイナンバーとリンクさせる。

❹政治献金はすべて銀行振り込みまたはクレジットカードに限定する。

第2章

国を滅ぼす
忖度官僚は要らない

私たちの「霞が関」改造論

官僚の三タイプ

村上　私は伯父も父も官僚から政治家になったので、官僚と政治家を間近に見て育ちました。官僚は裕福でないし、政治家も大豪邸に住んで美食をしているわけではありません。私は連続十一回通っても、東京では車もないんです。今日もタクシーで来ました。

つまり、政治家も官僚もそんなにいい待遇とは言えないです、実際のところ。

古賀　どうなんでしょう。でも、官僚は最近、暮らし向きはいいですよ。

村上　そう？

古賀　もちろん外資系の投資ファンドなどよりは給料は安いけど、官僚をやめた後がすごくよくなりました。どうしてかというと、いま民間企業の役員の給料がべらぼうに上がっているんです。

昔は天下りしても年収が一五〇〇万円とか二〇〇〇万円だった。それが今では五〇〇〇万円とか六〇〇〇万円というポストがいっぱいあるのと、それから社外取締役をいくつか兼任すれば三〇〇〇万円や四〇〇〇万円とかになるわけです。ただし、それは、いわゆるキャリア官僚の中でも、次官や局長になった人たちで、そこまで出世していない人たちは、逆に天下りも厳しくなって、あまりいいポストには就けない。つまり、官僚の間でも「格差」が生じているんです。

村上　私の伯父や父も大蔵事務次官や官房審議官もやっていましたが、父の退職金はわずか二〇〇〇万円でした。

伯父は、選挙に出なければ日銀の総裁になっていたかもしれない。しかし、やっぱり男の花道は政治だというので政界に打って出たわけです。

ただ古賀さん、私がちょっと今と違うなと思うのは、あのころの官僚は、給料は安かったけれども、みんなの尊敬度が違ったわけですよ。あのころは、官僚や政治家は一目置かれていました。

古賀　昔の大蔵官僚のレゾンデートルというのは、どれだけ自分が社会から評価されているか。それが誇りで入って来る人が多かったんです。だから、いい意味では誇りなんだけど、でも、そうやってちやほやされることが好きだという人たちもいたわけです。

村上　選ばれてあることの誇りと、称賛を浴びることの喜び、だね。

古賀　僕は、官僚は三つのタイプに分けられると思っているんです。

村上　教えてください。

古賀　まずは典型的な中央エリート官僚を目指している人たち。財務省とか経産省に多いタイプです。彼らはずっと「あなたは一番です」と言われつづけて育てられ、東大を出て、常に一番を目指すから財務省を選び、そこでトップの次官を目指す。そういう世界で生きてきた人たちですね。これが一つ目のタイプ。

村上　一番を目指すのがいいわけじゃないんだ。切磋琢磨して己を磨き、結果的にあなたが一番ですねとみんなに評価される。これは悪いことじゃない。

古賀　そうなんですが、ひたすら一番を目指すことが目的化した官僚がすごく多いんです。自分が他よりも上だと認められるために官僚になりたがるタイプ。それが、官僚が堕落したと言われる大きな原因のひとつになっていると思います。

それから二つ目は、とりあえず官僚になれば食いっぱぐれがないと思っているタイプ。官僚になったら、本当に犯罪に手を染めたり、上司ととんでもない喧嘩をしないかぎりクビにならない。実際は、喧嘩したって別にクビにならないですからね。とにかく、みんな横並びでだんだん偉くなって、勤めあげれば天下りして、七十歳までは生活が保障されると。それが大事だと思って役所に入ってくる人がいるんですね。これを僕は「凡人型」と呼んでいます。

村上　なるほど。それで三番目は？

古賀　最後が「消防士型」と言っているんですけど、要は金儲けのためでもない、偉くなりたいというのでもなく、市民を助けるのが仕事で、ありがとうと言ってもらえれば、それが最高の報酬ですと言える人。これが理想の官僚です。それは別に消防士じゃなくたって市役所の窓口にだってそういう人がいるかもしれませんが、これはもうほとんど絶滅危惧種ですね。

村上 昔はそういう立派な人が結構いたけどね。

古賀 ええ。でもね、今でも自分ではそうだと思っている官僚は多いんです。おれは国民のために働いているんだと。だけど、そういう官僚たちでも、市民に「何でこんなことをちゃんとやってくれないのか」と迫られると、「いや、私はちゃんとやろうとしているんだけど、本省が……」と逃げる。官僚は絶対自分の非を認めませんから。

村上 わかります。ところで古賀さんは私より二つ歳下ですが、入省は何年だったの？

古賀 僕は六年間、大学に行っているので一九八〇年、昭和五十五年の入省です。

村上 私は東大の弁論部でした。外務省の齋木昭隆元事務次官、それから国交省の本田勝元事務次官も同じ弁論部だったな。私たちのころの弁論部というのは、天下国家を大所高所から議論できるというのでみんな官僚とか政治家を目指したのですが、そういうのはどのタイプになるの？

古賀 ちゃんと国民のために本気で働くのなら三番目ですよ。

村上　それぐらいの心意気でみんな入ったんだけどね。

古賀　官僚はスケールの大きいことができるからおもしろいというのもあるんですね。三菱商事に行ったほうが給料は高いかもしれない。でも、三菱商事で世界を変えるというわけにはいかないよねと思っている。

村上　われわれのころはそれが普通であって、給料が高いとか安いはあまり関係なかった。また、周りの人もそういう基準で評価してくれるから、給料は安くてもいいかなと思っていました。

　ところが、今の世代を見ていると、やはり給料安かろう、待遇悪かろうでは人は来ない。今の永田町を見ていると、ほとんどが〝就活〟で来ている人が多くなったと思います。政治家としてどうなのか？

古賀　官僚もまた同じで、昔ほど自分の仕事に誇りを持てなくなっています。ですから、財務省の若い人たちが、昔ほど上から目線じゃなくなっているんです。なぜかというと、自分が一番じゃないというのがわかっているから。要するに、自分より優秀な連中は役人にはならずに、ほかへ行ったと思っている。

村上　昔は、通産官僚でもおもしろい人が大勢いて、自分の出世にならなくても、政治家にひと言、言いにくる人がいましたよ。古賀さん、知らないかな、黒田眞さん。弁論部の先輩です。

古賀　通産審議官をやった黒田さんですね。あの人はすごい人です。あの人たちのころは、官僚の意見が相当政治を動かしているという感じはありました。僕らは下にいてもわかりましたね。大臣とかとしょっちゅう激論を交わしていましたから。

村上　三十年以上前の話だけどね。

古賀　たとえば若手が局長を説得するというときに、僕らは相当勉強していくわけです。それで論争になる。そしたら局長も若い者に負けたくないという気持ちがあって、自分も勉強するんです。そういう緊張したやりとりが普段にあったわけです。局長におもねるんじゃなくて、局長と違う政策をつくって持っていくわけです。それでも、お前はバツというふうにはならなかったですね、昔は。

村上　そうだね。

古賀　こいつ、なかなかおもしろいこと言うなと感心してくれた。仮に、その局長がバツをつけても、ほかの局長がマルをつけてくれるんです。

村上　役所のすごいところは、みんなが平等に仕事ぶりを見ているんですよ。私も大蔵政務次官や初代の財務副大臣やりましたから、そのあたりのところはよく承知しています。

過剰接待の時代

古賀　ただ、あのバブルの時代、官僚はノーパンしゃぶしゃぶ（＊6）に相当行ってましたよ。

村上　本当？　私なんか、一回も行ったことないよ。

古賀　僕はたまたま行ってないんですけど、でも同僚はほとんど行ってましたね。当時私は会計課の法令審査（通産省の各局総務課の筆頭課長補佐）をやっていたので、財務省とつき合うじゃないですか。そういうつき合いの中では、ほとんどみんなが行ってるんですよ。

村上　参考に聞いてほしいんだけど、私が大蔵委員長のときに、大蔵省と日銀の接待名簿を出させて、大蔵省の職員四十名ぐらいがクビを切られた。あのときふと思ったのは、たとえばお歳暮やお中元をいろいろ贈ってきます。しかし、たとえば高価な壷とかを贈ってきたら、父や伯父は送り返していました。

宮澤喜一大蔵大臣の秘書官が役所で数千万円をもらったという事件がありましたが、われわれ政治家でも、政務次官や副大臣、大臣になったときに、役所で現金を受け取るのはとんでもないことです、それを平気でやったところにやはり倫理観の欠如を感じます。

古賀　私も何か贈り物をされたら、全部後から返送していました。そうしたら、今度は生ものを送ってくるんですね。そうすると普通に送り返すわけにいかない。デパートも引き取ってくれないんですよ。だから、今度は、全部玄関で受け取り拒否ということにしました。そうしたら、企業や団体の人が言うんですよ。そんなことしてるの、古賀さんだけですよって。

村上　私らのほうが、よっぽどオールドファッションでね。ノーパンしゃぶしゃぶも行ったことないし。でも、確かにそれはあるんですよ。佐川急便（＊7）、リクルート（＊8）、共和事件（＊9）のときも私の周りで贈り物をもらっていた人が結構いた。だけどそんなにすごかった？

古賀　バブルのころはもちろんですが、バブルがはじけた後も、役所の世界だけは結構続いていました。特に贈答よりも接待が派手でしたね。

村上　うちの父が死ぬ前に、「おまえはおっちょこちょいだから、運転免許の取得と株だけはやるな」と言われました。私が十一回連続で通れたのは、それを守ったからです。周りはほとんど株をやっていました。

古賀　官官接待が常態化していて、財務省が各省に対して要求してくるわけですよ。どこどこで接待してほしいとか。

村上　そこまでとは知らなかったなぁ。

古賀　財務省の主計局の主査と、僕ら経産省の会計課が予算折衝をやるじゃないですか。すると財務省のほうから、古賀さん、そろそろ行きたいですね、と。だけど、僕がお金を持っているわけじゃないから、それをどうやって工面するかが大変なんです。でも、それをやっているうちに、裏金をつくる手法がどんどん確立されていくわけです。

村上　確かに、役所は官官接待があったね。われわれ政治家なんか悲惨なものですよ。最近料亭なんか呼ばれたこともないんだから。

古賀　村上さんはそうでも、行っている人も多いと思いますが……。

壮絶なバトルの末に成立した公務員改正法

村上　そこで、いま霞が関にはびこるいわゆる忖度官僚の問題だけど、これをどう見るか。

古賀　安倍政権が、森友学園、加計学園、防衛省ＰＫＯ日報問題などで、一切その非を認めないで強硬路線を採り、その過程で官僚に嘘をつかせたり、無理な忖度をさせたりしているのは周知の事実です。森友事件の文書改ざんは、その典型ですね。

村上　そう、安倍政権の「官僚支配」が問題視されている。

古賀　特に、「内閣人事局ができて、官邸が官僚の人事権を握ったので、官僚が正しいことを言えなくなったり、過度に官邸の意向を忖度するようになった」という批判が、最近目につきますね。それは私も承知しています。

村上　その内閣人事局をつくったのは、古賀さん、あなたなんだって。あれは、さっき言ったように、どうも弊害が多すぎるんじゃない？　どうなの？

古賀　確かに私は、二〇〇八年から〇九年にかけて、内閣審議官として、公務員制度改革を担当しました。実は、そのときにつくった国家公務員法改正案で、初めて内閣人事局の創設を提案したんです。

村上　私も五つの大臣や財務副大臣を歴任しているから、官僚の人事についてはある程度理解している。

国家公務員法では、もともと官僚の人事権は各省大臣にある。しかし、大臣が官僚を敵に回すと仕事ができなくなる恐れがある。だから実際には、官僚人事は、事務次官を頂点とする官僚組織が行い、それをわれわれ大臣や官邸が追認するのが慣例となっていたんだね。

それを破って大臣や官邸が官僚の人事案を否定することは極めて異例なことだった。

古賀　仮にそうなれば、政権側は官僚との全面対決を覚悟しなければならないほど、大変なことだったんです。

村上　そんな気骨のある大臣はいませんよ。

古賀　ですから官僚への統制がきかず、「官僚主導」がはびこって、特に天下り利権を奪うような改革ができなくなる。私はそれが大問題だという認識をずっともっていて、それを解決するために、内閣人事局創設による政治主導の人事を実現したいと思ったのです。

村上　なるほど。でも役人の抵抗がすごかったね。

古賀　それは財務省を頂点として、すさまじかったですね。

　私をはじめとした事務局の改革派メンバーは、当時の渡辺喜美行革担当相によって一本釣りで集められた元官僚や民間人が中心ですが、一方で守旧派官僚が過半を占めていました。彼らは、われわれをターゲットにして誹謗中傷する怪文書をマスコミに配布したりしたんです。

村上　抵抗したのは官僚だけじゃないでしょう?

古賀　さすが村上さん、お見通しですね。官僚と結託して利権を維持しているいわゆる族議員たちもあからさまに抵抗しました。

　最後は数少ない自民党の改革派議員でさえ、霞が関の恨みを買うことを恐れて、改正案条文の骨抜きを黙認せざるを得なくなるほどでした。

村上　逆に言えば、政治主導の人事が、官僚や族議員にとっていかに邪魔なものなのか、それが証明されたようなものだね。

古賀　われわれは、自分たちの提案に自信を深めて、さらに結束を固めました。マスコミに改革案とそれに抵抗する官僚の実態をリークしたんです。

村上　あなたも、その紳士然とした風貌で、結構やるもんだねえ。

古賀　負けられない戦いですからね。世論の全面的な支持を背景に、人事局創設を含む公務員法改正案が自民党の総務会で承認され、正式な改正案となったのです。

ただ、その直後に自民党政権が崩壊し、民主党政権に移行したため、その法案が成立することはありませんでした。

村上　確か、その改正案の成立は、第二次安倍内閣の誕生後だったね。

古賀　二〇一四年に様々に骨抜きされて、ようやく日の目を見ました。

内閣人事局の功罪

村上　私は財務副大臣や大蔵政務次官をやりましたけど、財務省の人間のことを全部知っていたわけではないですよ。全省庁の上位職員六七二人の人事をやれと言われても、どだい無理なんです。それが今や内閣人事局が次官、局長、筆頭の総務課長までの人事を握っている。

古賀　いや、幹部職員だけでなく、その候補者も入れて幹部候補名簿をつくりますから、かなりの数の課長職も含めて、彼らに対して内閣人事局が影響力を行使できます。

村上　そうですね。課長まで人事をやられたら、もう公務員はひと言も言えない。

古賀　実際には、若い課長までは見てないと思うんですが。

村上　私は、各省の局長の一歩手前ぐらいまでは、各省庁に自由にさせてよかったのではないかと思う。それからもう一つ私がよくわからなかったのは、官邸が全省庁の官僚の名前と能力がわかるわけではないのに、何で内閣人事局に人事権を委ねたのかということです。

会社でも何でも組織はすべてそうだけど、その人がやってきたこととか、その人の働きぶりをある程度知っている人が人事権者じゃないと、もう好き嫌いだけの情実人事で全部決まってしまうわけで、そこらあたりは何か考えなかったの、古賀さん。

古賀　いやあ、そのころはどちらかというと、改革に抵抗する官僚とどう闘うかが課題だったわけですから。

それと、いま村上さんのお話を伺っていて思ったのは、要するに今まではそんなにひどいことはできなかったんですよ。安倍さんが、内閣法制局長官を集団的自衛権を認めるやつじゃなきゃだめだと言って小松一郎（元駐仏大使）さんを持ってきたりしましたけど、あんなことは普通ならできないことだったのです。官僚から見ると、驚天動地の人事でした。

村上　とにかく昔は、古賀さんが言うように、政官ともに侃侃諤諤《かんかんがくがく》の議論をしていたんだけど、やっぱり公務員法の改正をしてから、そこがどうもおかしくなってしまったね。

また国家公務員倫理法を定めたことで、公務員は政治家や財界の人間と一緒に食事をしてはならないということになって、政官財で議論する場所がなくなったわけです。特に、金融関係で、現場の声とかが全然伝わらないから、政策にうまく反映されないんです。

古賀　いやいや、そうじゃないんですよ。要するに僕の発想は、政治家が何かやろうとしても官僚が抵抗して何もできないという状況は良くないと思ったのです。

よく政治家が横から何か言ってきたり、変な陳情を持ってきて、これをやれと言う場合がある。これは、断ればいいんです。そうじゃなくて、たとえば大臣が改革をやると言ったときに、官僚が、いやいや大臣、そんな過激なことをやっちゃだめですよと、抵抗してやらない。サボタージュするわけです。これはもう全然民主主義じゃないです。

村上　民主党時代の長妻昭厚労相は、確かに役人のサボタージュにあったと聞いたね。

古賀　そうなんです。長妻さんの場合は、一人だけ頑張っていた。見識のある、しっかりした大臣ならいいんですけど、どうせ一年くらいの任期だと思って、その間に何かいいことないかなと思っているような大臣だと、官僚から、「絶対だめです」「体を張ってとめます」と言われると何もできなくなります。それで、長妻さん以外は結局全大臣、官房長官まで含めて役人の側についちゃったんです。それで長妻さんは結局更迭された。僕は官僚として何度もそういう場面を見ていたので、それは問題だと思った。やっぱり大臣一人だけじゃ闘えないんですよ、官邸が一緒に闘ってくれないと。

村上　それはわかる。

古賀　だから、いつも官邸が見ているよという仕組みをつくって、それで時の政権がやろうとしていた大きな改革を進めましょうとなった。もし、時の政権が間違ったときは、次の選挙で落とせばいい。こういう発想なんですね。

官僚の人事権を握った安倍政権

古賀　ところが、安倍政権は、極めて強引な政治を強行し続けましたね。その過程で、官僚が無理な行政をやらされ、それに伴う情報の隠ぺいなどに積極的に加担する姿が白日の下に晒《さら》されたのが、今の状況なわけです。

ですから、今の最大の問題は、繰り返しますが、安倍政権がおかしいことばかりやっていることであって、その仕組み自体が悪いのではないんです。立派な総理が来て、抵抗勢力がいっぱいいるけど何が何でもやるんだといったときに、一緒に闘ってくれる官僚をこのポストにつけて改革を推進する。内閣人事局というのはそのためにつくった仕組みなのです。

村上　古賀さんの場合は性善説だったんだね。つまり、政治家も官僚もそのトップに立つ人は権力を抑制的に使う聡明な人がなると想定したわけです。総理もそうだし、日銀の総裁もそう。それが大前提だったわけ。ところが、その前提が狂ってまともに機能しなかったときのブレーキ措置がなかった。それが大きな問題なのですよ、私からみると。

つまり、昔から総理大臣というのはそこそこ真面目に勉強して、文武両道に秀でた人がなるのが前提だったのに、いつからかおかしくなってしまった。それに当然、帝王学をまともに学んでいないから、「李下に冠を正す」ことばかりやっている。

古賀　それが問題なのです。

村上　確かに古賀さんの発想は正しいんだけど、実際には、たとえば日銀総裁にしても、本当は通貨の番人になるべきなのが、いつの間にか内閣の番人になってしまっている。だから、本来は聡明で自己抑制が効いて、権限とか権力を抑制的に使う人が上に立つべきだったのが、まったく真逆の人が座っていまどうなっているかというと、はっきり言って全部組織が壊れだしているわけね。

古賀　ですから、実は、安倍政権の下では、おそらく、内閣人事局など必要なかったと僕は考えているんです。もともとあった、国家公務員法上の大臣による公務員に対する人事権があれば、いかようにもできるんです。大臣は安倍総理の言いなりですから、各大臣に指示すれば官邸主導人事などいとも簡単にやれてしまう。

村上　そこですよ。問題は。

古賀　もし仮にですよ、内閣人事局が諸悪の根源だという批判が正しいのであれば、内閣人事局をなくして、官僚の人事に官邸が介入することを止めれば正しい行政が行われるということになるはずですよね。

しかし、実際には、そうはならない。おそらく、官僚は、以前のように自分たちの利権、とりわけ天下りの仕組みを守るために、国民の利益を犠牲にして、必要な改革を止めようとするでしょうね。今後、それを正そうとする政権が現れても、それには徹底的に抵抗する。昔の「官僚主導」の復活ですよ。

村上　ただ、福田康夫元総理なんかも、安倍官邸が官僚の人事を差配しているのは亡国の道だなんて批判しているしね。どちらかというと、官僚を官邸の支配下に置くことは、世論も反対じゃないの。

古賀　そうなんですね。だから僕も、方々でこの問題について反論しているんです。「内閣人事局をなくせ」という批判は、実は官僚たちが「安倍憎し」と思っている記者たちを誘導して書かせているという面が少なからずあるんです。これにみんな気づいていない。これを機に、大げさに問題を指摘して、昔の「官僚主導」を取り戻そうとしている。官僚がよく使う手です。

ちなみに、官僚が安倍さんに支配されるのは、単に人事権だけではないんです。安倍さんに逆らうと、幹部職員なら辞めるしかなくなる。天下りも、ロクなところに行けない。でも、まあ、そこまでなら、自分でなんとかしようと考えることもできる。ところが、安倍政権に逆らうと、一民間人になったあとも、個人攻撃をされて社会的に抹殺されるかもしれない。

それを、如実に示したのが、文科省前次官の前川喜平氏の退職後に、官邸が読売新聞に前川氏の個人情報をリークして社会的批判を巻き起こそうとした事件です。あれで、官僚は安倍さんの怖しさを思い知りました。そこまで、やるのかと。

厚労省のデータ捏造が示す独裁の本当の怖さ

村上　安倍政権の五年間で、霞が関は完全に壊れてしまった、というのが私の見立てなんだけど、この前の働き方改革法案の際に発覚した「裁量労働制データ捏造」疑惑なんかは、まさにその最たるものじゃないですか。

古賀　捏造ではなく、他の目的でやった調査を無理矢理裁量労働のために使ったのではないか？　あるいは、もともと別の目的でやる予定だった調査を急きょ裁量労働のために使うことにしたのかもしれないですね。

村上　まあ、好意的に見れば、それもありえるかな。

古賀　もともと、裁量労働は労働時間を短くするためのものではなかった。弁護士やデザイナーなどの非常に専門性と独立性の高い職務には労働時間で管理するという概念自体がうまく機能しません。

村上　そうだね。

古賀　そういう仕事をする人にとっては、毎日何時から何時までとか、一日何時間という形で労働時間を管理されるのは非常に働きにくい。時には徹夜で仕事をするが、その代わり、翌日は休むというような働き方ができる。上司の目を気にすることなく好きなように仕事の進捗も自分で管理することができれば、多少働く時間が長くても、ストレスも少なくてかえってハッピーだし、効率も上がるという制度だったんです。

村上 そうそう。それが徐々に専門職から普通の仕事に近いところまで拡大され、今回の改正では、営業職などにも適用されて大幅に適用される人がふえるのではないかということになったんだね。

古賀 このような事態になると、裁量労働制の拡大に対して、労働側から、残業代を残業時間の実績よりも減らすために使われるのではないかという批判が高まります。

それに対する反論として、政府が取ったのが、裁量労働のほうがかえって労働時間が減るので労働者は得をするという理屈で反論する作戦だったんでしょう。

ところが、それを裏付けるデータがなくて、説得力がなかった。これについて、何かの理由で、すぐにデータを出せということになったのではないでしょうか。

村上 なるほど。それで、厚労省の職員がどう対応したか？

古賀 何が起きたのかはいくつかのケースが想定されます。裁量労働制のほうが短くなるようにとおかしな調査を最初からつくって実施したと考えている人が多いように思いますが、その可能性は実は低い。調査の仕方があまりにデタラメだからです。さすがに担当課でこんな調査を考えるとは思えないんです。

村上 それもそうだね。あの優秀な人たちが。

古賀 次に考えられるのが、たまたますでに行われた調査、または、行う予定の調査で何とか代用しようとしたというケース。時間がなくてそういう手段を取ってしまったのかもしれないですね。

この場合、もともとの調査では、一般労働と裁量労働を比較することは考えられていなかった。ただ単に、一般労働では、いちばんひどい場合にどれくらい残業しているかを把握しようとした。そこでいちばん残業時間が長かったのは何時間かと聞いた。

一方、裁量労働については、だいたい何時間くらい働いているのかという実態を知りたかった。裁量労働には残業という概念がないので、一日にだいたい平均で何時間くらい働くかということを調べる予定だった。

村上 なるほど。そもそも比較の意図がないのだから、質問の仕方が違っても当然だというわけですね。

古賀 また、この調査が、労働基準監督署の職員によって実施されたことから、もともと統計調査の専門職ではない、取り締まりの専門家が調査を行ったことになる。

その後、あるいは調査の途中から、労働時間の比較のためにその調査を流用しようということになったと。

そうすると、異なる質問だが、裁量労働については、一日何時間かと聞いた答えを一日の労働時間として、一方で一般労働者には、いちばん残業が長かった日の残業時間に一日の所定労働時間（例えば八時間）を足して一日の労働時間を出した。結果的に一般労働者のほうが長くなったので、目的を達成できたと考えた。

村上 それじゃあ、まったく意味のないデータということになるね。

古賀 ですが、とにかく短時間でこの結果を出すことだけが求められた結果、こういうインチキが行われたということではないですかね。

村上 今回、調査原票に間違いがたくさんあったね。

古賀 どうもそれは、都合の良いデータをつくるためではなくて、単に調査自体が非常にいい加減なものだったということではないでしょうか。

村上 もしかすると、労働基準監督署が実施している調査では、こういういい加減なものが日ごろから多いのかね？　それだと問題だね。

古賀 調査を滅茶苦茶急いでやらされたので、たまたま今回だけミスが多かったということも考えられます。いずれにしても、この手の調査をしっかりやるのであれば、厚労省の調査統計部門や労働研究・研修機構などの調査専門機関が時間をかけて実施する必要があります。

村上　いずれにしても、今回、およそ使い物にならない調査データを使って裁量労働制のほうが労働時間が短くなると結論付けたのは、大変な問題だ。

古賀　どうしてそんな馬鹿なことをしたのかと考えると、そういう結果を出さないと上司に怒られるという心理が働いたとしか考えられないですね。なぜなら、デタラメのデータを出して得をする官僚はいないから。

村上　その場合の上司とは、局長なのか、次官なのか、大臣なのか、官邸なのか？

古賀　それは今のところはっきりしませんが、森友学園の件を見てもわかるとおり、安倍政権の指示があれば、あるいは、指示がなくてもその意向の忖度で、文書改ざんという法律違反まで行われたということから考えれば、現場は確信犯で、おかしいと知りながら、このデータをつくって審議会や国会に出していたと考えるほうが自然ですね。

村上　この件もまた、安倍政権が一強になっていて、行政の現場でおかしなことが行われていることを物語っていますね。

政治主導そのものは間違いではない

村上　この問題は、つまるところ、政治主導をどう考えるかに行きつくね。

そもそも「政治主導」の考え方には暗黙の前提がある。それは、内閣は国民のために仕事をするという前提です。

古賀　おっしゃるとおりだと思います。

憲法の考え方に基づけば、内閣は国会で選ばれる総理大臣がつくるのだから、当然国民のために働くと想定されています。逆に言えば、官僚が行政においてどんなに重要な役割を果たすとしても、内閣と違って、国民あるいはその代表である国会に対して直接責任を負わない以上、官僚が主役になることは許されないんです。

村上　当然のことです。主役になりたければ、政治家になるしかない。

古賀　大臣の指示に対して、官僚が「それはおかしい」と言って従わなかったらどうなるか。国会によって選ばれた総理と総理が選んだ閣僚の意思よりも官僚の意思が優先することになります。それでは、主権者たる国民の声が行政に反映されなくなり、国民の権利の侵害、すなわち、国民主権の否定につながります。

村上　官僚は内閣の指揮を受けた大臣に従うのは当然で、それに従わない官僚は人事上の不利益を受けて当然。逆に内閣の方針に沿って実績を上げた官僚が出世するのも当然ということになる。

古賀　でも、いま、大前提であるはずの内閣が国民のために仕事をしていない。そして、官僚は国民のことを考えず、総理のほうだけ見て仕事をしている。総理に少しでも逆らえばクビになるし、総理の意向を忖度すれば出世する。だから、上から下まで国民のためでなく総理のための行政府になってしまった。それをもっとも端的に示したのが、佐川さんの国税庁長官就任でした。

村上　あれを見て、国民は怒った。当然ですよ。でも一方で、官僚は、ああやって安倍政権を守れば出世するんだなと見ていたわけだね。

古賀　実は、安倍政権が人事権をメチャクチャに濫用《らんよう》できるのには、もう一つ理由があります。それはマスコミが政権に完全に抑え込まれているために、安倍政権の悪政を正そうとする官僚が、マスコミと協力して戦うことができないということです。

私が官僚だったときは、政権が改革を嫌がっている場合には、マスコミに批判してもらいながら、大臣に改革案を突き付けていきました。でも今は、テレビ局はそんなことはまったくできないし、新聞は親安倍と反安倍に二分されていて、まったく頼れない。

村上　いずれにしても今の安倍内閣の下では、あなたが精魂込めてつくった仕組みも、悪用されっぱなしだ。

古賀　内閣人事局の悪用を止めるためには、いろいろな歯止め措置を立法で手当てすることも必要でしょう。でも、どんなことをやっても、今の安倍政権がある限り無力でしょうね。

結論は、安倍さんには辞めていただいて、安倍一強は終わったと官僚たちに認識させるしかないと思います。

＊6　ノーパンしゃぶしゃぶ　一九九八年の大蔵省接待汚職事件の舞台となった風俗レストラン。事件は官僚七人の逮捕・起訴に発展。官僚七人は、執行猶予付きの有罪判決を受け、その責任を取り三塚博大蔵大臣と松下康雄日本銀行総裁が引責辞任、大蔵省解体の一つの要因となった。

＊7　佐川急便　政治家が絡んだ九〇年代の贈収賄事件のひとつで、東京佐川急便事件という。自由民主党・経世会の金丸信会長が、佐川急便側から五億円のヤミ献金を受領したとして略式起訴され、一九九二年十月に衆議院議員辞職に追い込まれた。

＊8　リクルート　一九八八年六月に発覚した不動産会社リクルートコスモス社による贈収賄事件。贈賄側のリクルート社関係者と、収賄側の政治家や官僚らが多数逮捕され、政界・官界・マスコミ

を揺るがす大スキャンダルとなった。江副浩正リクルート会長や政治家の藤波孝生らが、逮捕起訴される。

＊9

共和事件　一九九一年に発覚した「共和汚職事件」のこと。大手総合商社「丸紅」と鉄骨加工メーカー「共和」による鉄骨資材の架空取引事件で、丸紅関係者や共和関係者らが逮捕された。阿部文男元北海道開発庁長官が、一九九二年一月受託収賄罪の疑いで逮捕、有罪判決を受けた。

私たちの提言

村上：❶官邸の人事による官僚支配をやめさせる。
❷内閣人事局の役割と権能を見直す。

古賀：❶天下りの全廃と40歳以上の現役出向の禁止。
❷「歳入庁」の新設、国税庁と日本年金機構を統合する。
❸骨抜きになった公務員改革をもう一度。
❹内閣人事局の正しい運用。
❺幹部職員には10年以上の民間経験者を半数以上登用することを法律で義務付け、官僚の世界を民間と同じ世界に変えていく。

第3章

破綻寸前の金融・財政をどう立て直すのか

私たちの日本再生論1

貧しくなる日本――アベノミクスの頓挫

村上　私が現在、いちばん心配しているのは何をおいても財政の危機です。アベノミクスの三本の矢、財政と金融と成長戦略ですが、これらはとっくに頓挫《とんざ》しています。財政も危機的状況の一歩手前で、もはや限界。日銀による国債買い上げ、市中に金を流す金融緩和も同様で、これまた限界にきています。

アメリカのＦＲＢやヨーロッパの中央銀行も金融緩和をやりましたが、彼らには節度がありました。だいたいＧＤＰの二〇～二五％までしか国債を買わなかったのです。それ以上買うとそれぞれの国の国債の信用を失うからです。しかし日銀はいま、ＧＤＰの八一・三％まで買い進んでいます。

三番目の成長戦略にいたってはこれといった中身がなく、実質的にはアベノミクスは頓挫しているのに、なぜ引き続きアクセルを踏もうとしているのか、直ちに方向転換すべきです。日銀総裁は本来通貨の番人であるはずなのに、今やすっかり安倍政権の番人になり下がっている。

古賀　僕は、近著『国家の共謀』の冒頭に、たぶんすごくうまくいって十年後の東京はこうなると予測を書いたのですが、それはまさに哀れな状況です。

村上　ちょっと読ませてもらいましたが、確かに刺激的ですね。東京の瀟洒《しょうしゃ》なタワーマンションの住人がほとんど、中国人や東南アジア系の人になっていると書いてあります。

古賀　銀座の高級すし店にいる客もそうした海外からの移住者ばかりで、二万円のランチを食べてスマホをかざして支払いを済ませる。そこに日本人の姿はありません。日本のサラリーマンは近くの路上にいるボックスカーの前に並んで弁当を買っている。

そんなふうで、ちょっと象徴的に書いたんですが、問題はじゃあなぜ、日本人がそんなに貧乏になるのかという理由です。

村上　想像したくない光景だけど、古賀さんにとっては、それでも楽観的な予測だと言うんだから、驚きでした。

古賀　日本のここが凄い、なんていう日本礼賛番組をテレビ局が恥ずかしげもなく垂れ流していますが、とてもそんな場合じゃないんです。世界における日本の経済的地位は下がる一方なんですから。

村上　私も対談の前に改めて調べてみましたが、豊かさの指標とされる名目の一人当たりＧＤＰが、この二十年の間に激減しています。一九九〇年代、日本は世界の中で常に十位以内に入っていたんだけど、二〇一六年度には二十二位まで下がってしまった。

古賀　そうなんです。アメリカと比較すると、その実態がよりはっきりします。一九九六年時点で、アメリカの名目一人当たりＧＤＰは三万五八ドル、日本は三万八七三三ドルで、日本のほうが上でした。

ところが、二〇一六年度ではアメリカが五万七六〇八ドルで、日本は三万八八八三ドル、この二十年間でアメリカの三分の二程度にまで落ち込んでしまったのです。

村上　それどころか、シンガポールや香港、カタールなどにも追い越されてしまっている。

日本人はこのことを知っているのだろうか？

古賀　たぶん、ほとんどの人が知らないんじゃないでしょうか。海外からの観光客を見て、なんだかずいぶん景気よさそうだけど、それに引き替え、日本は貧しくなった気がするなあと感じる人もいると思いますが、「気がする」のではなく、実際に貧しくなっているんです。

金融破綻が現実のものに

村上　それは間違いなく日本政府の金融財政の失政によるものなんだろうけど、特にここ五年のアベノミクスの失敗は後世代に大きなツケを残すと思います。

古賀　そうですね。まずは金融政策。要は国債をほとんど全部、日銀が買っている。日銀総裁に黒田さんが再任されたので、これはまだまだ続くのでしょう。

それで政権寄りの評論家が、「危なくなったらちょっとずつ金融を締めればいい。ハイパーインフレなんてありえない」などと言っているのですが、果たしてそうでしょうか？

理論的にいえば、最後まで日銀が買っていけば、破綻に行くまでには相当時間がかかると思いますが、問題は、実は破綻しないほうがより危ないと僕は思っているんです。

村上　ほう。破綻しないほうが危険だと思われるのですね。

古賀　というのは、一九八八年のアルゼンチンやあるいは戦後の日本みたいに、いきなりハイパーインフレが起きて、国民の資産がゼロになるみたいなことにはならないとしても、実際には、たとえうまくいったとして何が起きるかというと、インフレで少しずつ国債の実質的な価値が減っていきます。インフレですから税収も上がる。それで財政再建ができるという計算を安倍さんたちはしている。

それによって国民の所得も、名目的には少しずつ上がると思いますが、問題は、実質で見るとどんどん下がっていることです。

二〇一二年、民主党政権の最後の年ですが、この年の実質賃金と二〇一七年の実質賃金を厚労省の実質賃金指数で比較すると、何と四％も下がっているんですよ。つまり、安倍政権の五年で労働者はかなり貧しくなった。実質賃金を〇・五％上げるだけでも大変なことですが、これからそれを四％以上上げてとんとん。さらにそこからプラスを目指すというのは、今までのアベノミクスの実績を見れば、気が遠くなるような話です。

見た目の給料は上がっているのに、気がつかないうちに、何か貧しくなっているという状態がずっと続いていく。そのうち国債が実質的に償却されていく。政府は得して国民が損をする。それがアベノミクスの出口戦略。いちばんうまくいって、それしかもう手はないのです。

村上 アルゼンチンのハイパーインフレはよく憶えているけど、年率で五〇〇〇倍というすさまじさだったね。確か、一九九三年には沈静化するんだけど、その後は極端に経済が停滞して、結局二〇〇一年に債務不履行（デフォルト）を宣言、国家破綻を招いてしまった。

古賀さん、破綻しないほうが危険だというのはそのとおりだと思うけど、今の日銀の政策がいつまでもつと思います？

古賀 それはどこかで成り立たなくなりますね。それはいつかというと、よく外資が売り浴びせてきたときだと言われるんですけど、僕はそうじゃないと思っているんです。実際に破綻するとすれば、国民の資産が海外に逃げるときだと思うのです。

村上 うん、そこなんですよ。

古賀　今までは、海外の経済がかなり不安定だったので、一時「ミセスワタナベ」とか、ＦＸ（外国為替証拠金取引）で大儲けした人たちがいて、ドルに替えたほうがいいのかなと思った時期があったのですが、ヨーロッパも安定しない、アメリカもよくないということで、みんな日本の国内に閉じこもっていたわけですね。

ところがここにきて、ヨーロッパがまた安定してきた。金融の引き締めができるということは、すなわち経済が復活しているということです。アメリカも、自動車などちょっと不安なところがありますけど、基本的にはよくなってきていて、ＦＲＢも出口戦略を始めている。

要するに欧米ともに出口戦略をとりだしたことは、両方が経済的に安定してきたということです。日本もそれに乗っかってちょっと企業も儲けているというのが現実です。

村上　だけど、それは庶民にはほとんど関係ないことで、普通の人にとっては、いくら銀行に預けてもほとんど金利がつかない状態は変わらないんです。でも、何かしら海外に投資している人は得しているみたいだと思っている。

古賀　そうですね。これからも長期的には円安は徐々に進んでいくと思いますから、アメリカに金を置いておけば、それだけで為替利益があるし、それから株も上がっていく。海外に投資したほうが得だよねという流れが、これから本格化してくる可能性はあると思います。

村上　それで、「オレ、儲かった」という人が身近にいっぱい出てくれれば、どこかで流れが逆転して、一気に日本国民の資産が海外へ流出するというわけだ。

古賀　要するに国債はすべて銀行が買っていて、それを日銀が買い支えるから日本は大丈夫というストーリーになっているのですが、そのおおもとである国民の金融資産がどっと海外に流れるということになれば、それは基本的にはとめられないはずなので、銀行の預金は減り、銀行は国債を買えなくなるから、日銀が直接国債を買うことになる。そのときが破綻の引き金だと思います。

国民は騙されている

村上　逆に言うと、国民が騙《だま》されている間は大丈夫ということだね。

古賀　安倍さんが「大丈夫です、これからよくなります」と確信も根拠もなしに言うわけですけど、何かよくなっているみたいだなと思っている人はまだ多い。だけど、どこかで、おれたち騙されているんじゃないかとなったときに、どっと海外に行く可能性があると思います。

村上　私の駿台の同級生だった男が、古賀さんと同じ麻布高校出身だけど、こういうことを言っているんですよ。

資産があるとしたら、まず三分の一をドル。それも一〇〇ドル紙幣ではなく、二十ドル紙幣で持てと。それから、三分の一が金、残りの三分の一をキャッシュにすると。

彼は東南アジアのタイやマレーシアなどで水田を何ヘクタールか買っているんです。衣食住でいちばん困るのは食だからと言うのです。頭のいいやつにはかなわないね。彼は「日本政府は国民の金融資産を守る気があるのか」と言うんです。

古賀　私の知人にも、似たようなことをしている資産家がいます。

村上　われわれ政治家は国民に対して責任をとらなければならないのです。やはり騙す政治をやってはいけないでしょう。安倍さんが国民を騙して、国民が騙されている間は何もなしで済むというなら、それはそれでいいのかもしれないけど、いったんそれが現実化したときに、その次の世代にどういう責任をとるのかということです。

古賀　責任をとろうとは思っていないでしょう。

村上　それは許されないことです。私は前回の総選挙で、自分の選挙には不利だけど、あえて「わが国の三大危機」（図1）というパンフを大きな垂れ幕にして街宣カーに張り出して、一〇〇カ所の街頭演説をやりました。

図1　わが国の三大危機

1 政治―ポピュリズム

①特定秘密保護法、公務員改正法・・・・・言論の自由圧迫
②解釈改憲―集団的自衛権・・・・・・・・・・・・立憲主義・民主主義の崩壊の危険性
③党総裁選不実施・・・・・・・・・・・・・・・・・・89万人党員に裏切り
④党税調会長罷免・・・・・・・・・・・・・・・・・・正論を言う人がいなくなる
⑤マスコミの自主規制・・・・・・・・・・・・・・・・ジャーナリズム・社会の木鐸の喪失

官邸の独裁になる

2 財政―デフォルト（債務不履行）

①国債残高1, 000兆円目前・・・・・国と地方の借金1, 300兆円
②GDP比240%の借金
③際限なきばらまき・・・・・・・・・・・・・軽減税率1兆円（6, 000億円財源なし）
年金受給者1,300万人に3万円支給（4,100億円）

3 金融―スーパーインフレ

金融緩和もこれ以上は限界

・FRBは出口政策を採り、日銀は更なる金融緩和を行えば円安基調は止まらない

FRB＝ $\frac{25\%}{GDP}$ でストップ

日銀＝ $\frac{438兆円}{GDP}$ ＝81.3%

→［円安が120円以上進むと外貨による日本売りが始まる］

↓

財政危機的状況

・実質賃金が上っていないと円安による物価高で国民生活を圧迫

古賀　与党の政治家としてはあるまじき叛《はん》乱《らん》だけど（笑）、あえて、そこを鮮明にして戦ったわけですね。

村上　あなたが指摘するように、安倍さんの言っていることは全部まやかしなんです。そのまやかしで済んでいる現状はとっても変だと思うわけ。

　プロ野球の野村克也元監督に言わせれば、「勝ちに不思議な勝ちあり、しかし、負けに不思議な負けはない」と。昨年の総選挙は確かに不思議な勝ちでしたが、あれは小池百合子さんが自分でこけただけで、要するに敵のオウンゴールで自民党が勝ったまでです。

古賀　まことにお粗末なひとり芝居でしたね。

村上　私が選挙で訴えたのは、このような問題先延ばしの政治をずっと続けていていいのかということです。だから私の選挙は孤軍奮闘、それは厳しい戦いですよ。古賀さんも、反安倍でずいぶん頑張っておられるけど、どこまで突っ込んでいかれる覚悟がおありなのか。容易なことじゃないでしょう。

古賀　僕はすでに戦っています。菅義偉官房長官と思い切りけんかして、思い切り干されています。ですから、覚悟という意味では、もう何も失うものはない。収入も激減しました。大丈夫、全然怖いものはないです（笑）。

村上　恐れ入りました。見上げた根性です（笑）。

財政再建待ったなし

村上　古賀さんの話を聞いていて、ちょっと心配になったのは、財政再建は安倍さんが国民を騙し続けている間はやらなくていいような感じを受けるんですが、そこはどうなのですか。

古賀　いや、財政再建は村上さんの言われるとおり、すぐにでも手をつけないといけません。要は政府に騙されているということをいかにして国民に気づいてもらうかです。

結局、選挙で自民党が圧勝すれば、いくらわれわれが批判しても、安倍さんは「勝った、勝った。われわれは信任を得ました。あなたたちは負けたんです」と勝ち誇るわけです。だから、どうやって国民にそうじゃないと理解してもらうかです。

常識的に考えれば、安倍さんたちのやっていることは、誰が見てもひどい政治なわけです。これだけ国の借金を膨らませて、国防費や無駄な公共事業をどんどん膨らませている。それは国民生活の向上には結びつかず、ただ、防衛産業やゼネコンを儲けさせるだけです。世界に類を見ない、歴史的にも戦前に戻るぐらいの悪政です。それはいろいろな経済指標にも出ています。それでも、安倍シンパの連中がいろんなごまかしを言って真実を糊塗《こと》するものだから、国民はわけがわからなくなって、あとはもう雰囲気に流されている。

村上　そこで古賀さんの知恵を借りたいわけで、実は私もすでにその資料をつくってあるんです（図2）。

これは明治時代からのGDPに対する国の借金ですが、これを見ると、戦争の弾が買えなくなるほど国庫が底をついた日露戦争のときでも、GDPの六十％強しか借金がなかったわけです。

しかるに今は、ご承知のように、国民の金融資産が約一八〇〇兆円あって、住宅ローンを引くと約一三〇〇兆円強です。これに対し、国と地方を合わせた借金がだいたい一三〇〇

図2　政府債務残高の名目GDP等に対する比率の推移

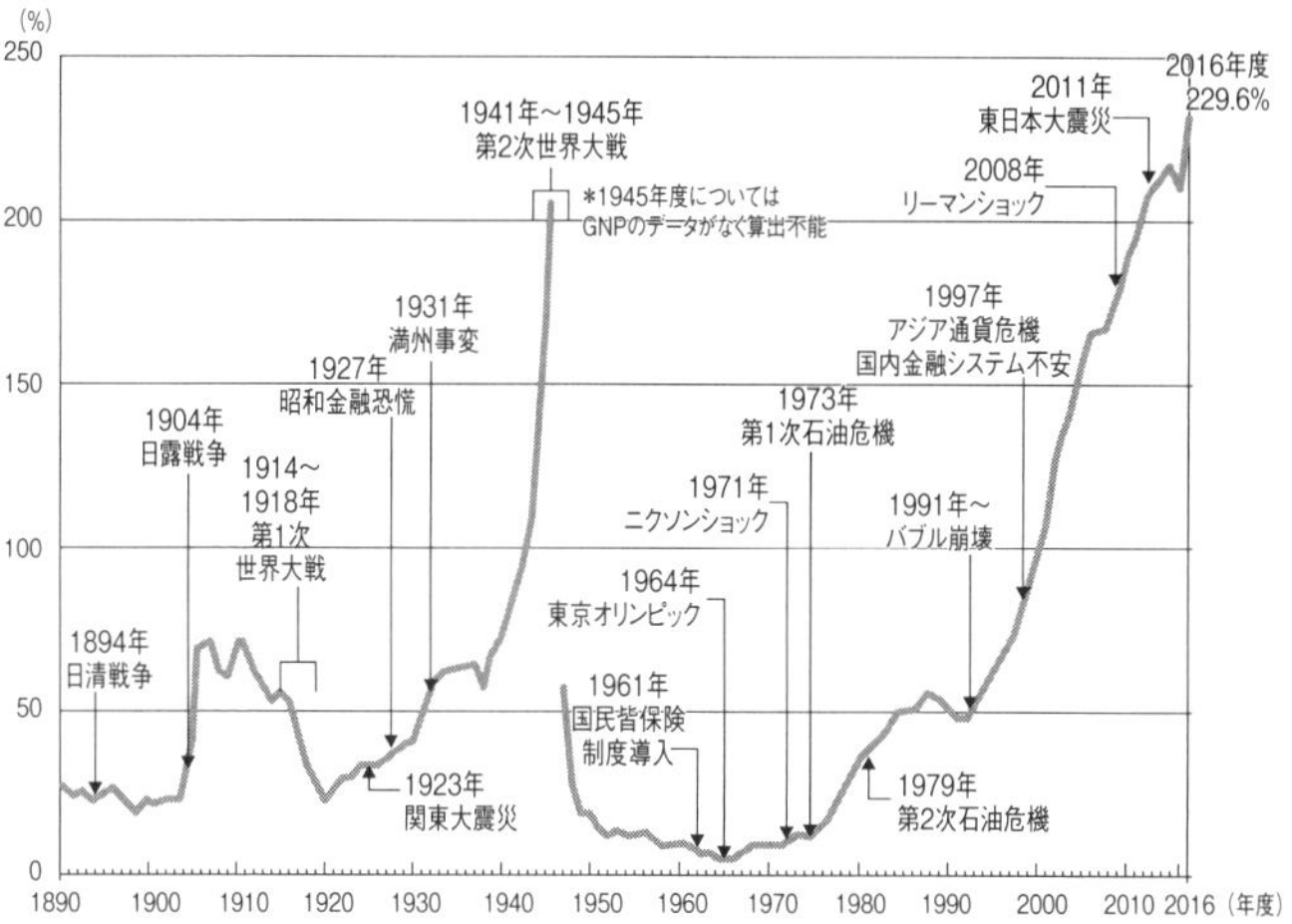

○兆で、ほぼ資産と同じです。

古賀　国の借金と国民の資産がほぼバランスしているということですね。

村上　これだけの資料を出してもまだみんながその深刻度がわからないので、もう一つ使っている資料はこれなのです(図3)。

　要するに、二〇二五年までに団塊の世代がすべて後期高齢者になるというのがポイントです。二〇〇〇年時点の医療、年金、介護の費用はおよそ七八兆円だったのですが、二〇二五年にはその倍、約一五〇兆円になるのです。

　医療、年金、介護を皆保険でやっているのは日本だけで、医療だけでも毎年一兆円ずつふえているわけですから、どう

図3　社会保障給付費の見通し

○2025年には、いわゆる「団塊の世代」がすべて75歳以上となる「超高齢社会」を迎え、医療・介護のニーズもピークに向かう。

○社会保障給付は、高齢化とともに今後も急激な増加が見込まれ、税・社会保険料といった国民負担の増大が見込まれる。特に、医療・介護分野における給付の増加が顕著であり、国民負担（財源調達力）のベースとなるGDPの伸び（消費税収）及び現役世代の負担能力の伸び（保険料収入）を上回って増加の見通し。

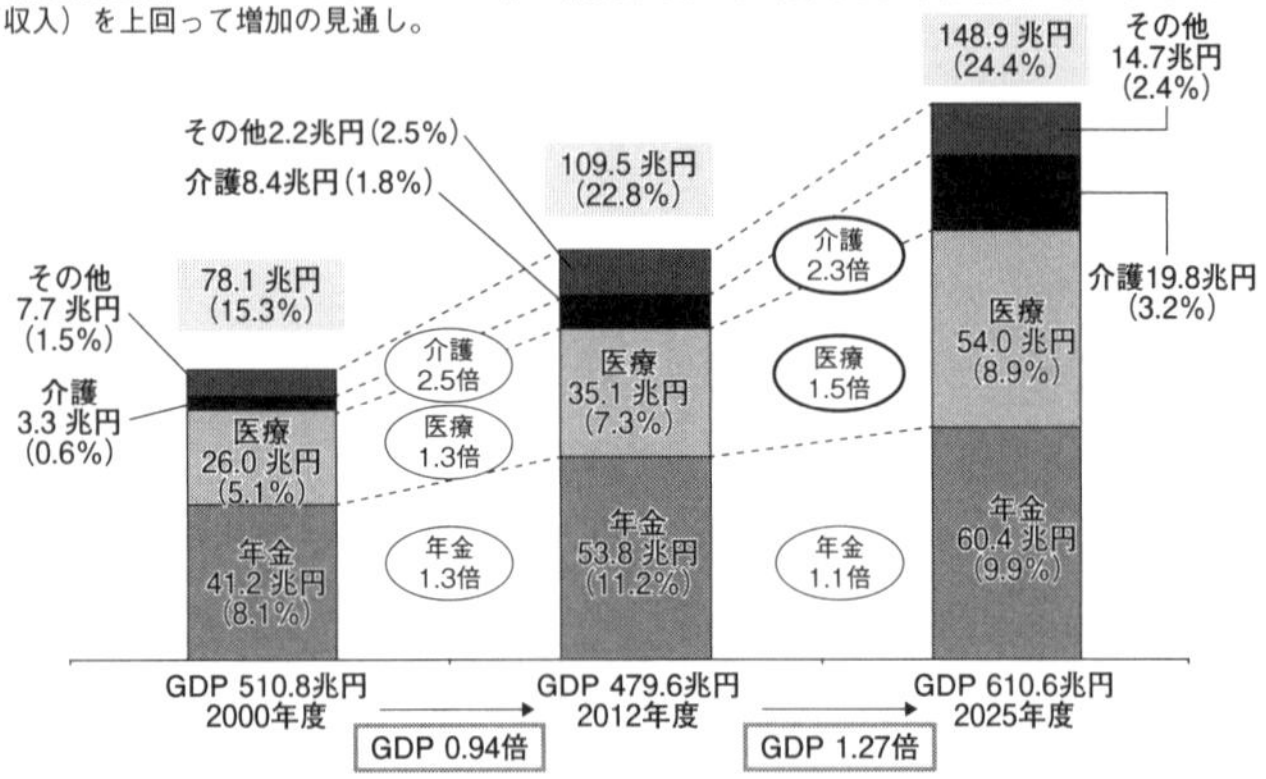

考えても日本は救われない。逆に古賀さんに聞きたいんだけど、リフレ派の人たちが、まだまだ借金できるという根拠は何なんですか。

古賀　彼らが言っている根拠の一つは、まず国の資産が六〇〇〜七〇〇兆円ぐらいあるからそれを引き算しましょうと。そうしたら、借金は半分ぐらいになりますと言うのです。

もう一つは、日銀のバランスシートと政府のバランスシートを足してみれば、結局日銀が国債を全部買っているので、日銀の国債という資産で日本政府の借金は相殺されると言っている。そういうバランスシート論なんですね。

村上　そのバランスシート論は、これまた国民を欺くインチキですな。

古賀　それで、最後の最後は国には徴税権があると。だから、借金を本当に返さなければならなくなったら、それはどんどん増税するか、日銀が国債を直接買ったり、政府紙幣を出せばいいいんだと言うのです。

村上　無茶苦茶なことを言うなぁ。

古賀　この理屈は、タブーをなくせば、正しいようにも聞こえるけど、仮にうまくいっても、政府と大企業が得をして、国民の実質所得は減り続けて帳尻が合うという窮民政策なんですね。

ただ、字面だけを見ていると、「ああそうか、国の借金は心配ないんだ」とか、「物価が上がれば全部解決するんだ」とか、何というか、何も知らない人が聞くと、ああ、そういうこともありかなと思ってしまうから困るのです。

そして、国と家庭が根本的に違うのは、家庭というのは誰かから金をむしり取ってくるということはできないのです。だけど、政府はそれができる。増税するか、貨幣価値を切り下げて国民を貧しくして国の借金を少しずつ棒引きしていく。その手段がある限り破綻しないと。それを国債市場が信じているから、日本の国債は大丈夫。それが彼らの理屈です。

村上　ただ、「いざ鎌倉」という事態になって、太平洋戦争のように国民に鍋釜や入れ歯の金まで供出させるようなことを、現代でできるかどうか。

古賀　いや、できないですよ。できないし、経済規模がもう大きすぎますから無理です。

村上　そうそう。戦時とは全然違いますね。たとえて言えば、戦前の経済規模はポンポン蒸気船で、現在のそれは戦艦大和みたいなものですよ。

そこで、規模はどうあれ、われわれの船は沈没させられないわけだから、そこはどうしたって増税の論議は避けて通れないですね。財政再建＝増税というのは、逃れられない運命です。

古賀　今のプライマリーバランス（＊10）をとにかくゼロにして、そして借金を返していくと考えたら、たとえば消費税でいえばやっぱり三十％近くまで上げなきゃだめだということを、アメリカの経済学者がかなり前に言ってましたね。では、消費税を三十％にできるかというと、そうなったらどこかで反乱が起きます。二十％でも難しい。二％、三％上げるだけでこれだけ四苦八苦しているわけですから、それはあまり実現性がない。

村上　国内市場が反乱を始めて、国民がもうだめだと思って海外に逃げていくときに、そんな大増税ができるかといったら、現実としてそれはありえない。

古賀　でも、彼らの言い分では、増税ができないという証明はできないだろうと。それが彼らのずるいところで、論理的に増税はできると言う。否定するなら全部否定し切ってみなさいと言うのです。

村上 ただ、われわれとしては机上の論ではなく、現実に起こることを考えてやっていかなければならないわけでしょう。古賀さんは、では、どういうふうにしたらいいと考えてらっしゃるの？

古賀 そうですね。ここまで国家財政というマクロな話を中心に話してきましたが、僕がより危機感を覚えるのはむしろミクロのほうで、産業の稼ぐ力がなくなっていることです。アベノミクスを礼賛する人たちは、とにかく物価を上げて、名目で税収が上がるから、それで財政再建ができるというのですが、肝心な実質での経済成長ができるのかというと、そこがほとんど絶望的。つまり財政破綻にならなくても国民生活は貧しくなり、富の源泉となる産業は国際競争に敗れてどんどん衰退していくシナリオです。

これは経産省の責任が非常に大きいのですが、世界の中でも日本は古い政策しかできていなくてどんどん取り残されているのです。世界経済はいま、アメリカと中国が中心になってきて、そこにインドが入ろうとしている。

その世界というのは、製造業でコツコツ汗を流してというような世界ではないのです。完全にＩＴと金融が合体した領域、「ＩｏＴ」もそうだし「ＡＩ」もそうですが、そこで日本は完全な周回遅れ、二周、三周遅れているんですね。

村上 そうすると、国民や企業の担税能力がそもそも落ちているんだと認識しなければならない。

古賀 これから税金を上げると言っても、現実には何度も延期してきたわけです。上げようと思っても、そこまで景気がよくないから上げられません。もしかすると次も延期しなくちゃいけないかもしれないと。

村上 これだけカンフル剤を打ってお金をジャブジャブにしているけれど、それでも消費税を二%上げるのも大変です。そこが最大の問題なわけだけど、どうするの？

古賀 いろんな既得権やしがらみがあるからできないというなら、まずはそこを立て直す。それを成長戦略につなげるのです。今は口だけで、中身は空っぽです。

村上 増税は消費税に限る必要はないので、相続税とか、所得税の累進性とか、そういうことも含めて考え直す。

古賀 いちばん早くやらなければならないのは金融所得課税の総合課税化でしょう。これを真っ先にやってほしい。格差是正にもつながる増税が今は大切なのです。

村上 増税に反対する識者たちには、その視点が欠けている。

古賀 要するに、増税をやれば経済がガクンとくるというのがアベノミクス礼賛の学者が必ず言うことなんですね。これだけいま一生懸命立て直ししているときに、ここで増税するのか。ここで腰を折るのかよと、こういう話です。

村上　要は、腰が折れないような経済をつくりながら増税をしていくということですね。

財政再建には国民の信頼が必須

古賀　国民もどのみち増税は必要だとわかっているんです。だから、増税を否定する共産党はそんなに票をとれない。民進党が票をとれないのも、同じ理由です。「バラマキだけじゃ、これからの日本がうまくいくはずないよね」とみんなが知っているのです。だけど、今のまま増税して安倍政権に金を渡したら、もう何に使われるかわからない。それだけはやめてほしいという思いがあるので、本当に短期集中で国民の信頼を回復することが大事だと思うんです。

橋下徹さんたちが巧みなのは、そこをすごく強調するからです。彼らがあれだけ品が悪くて、おかしなことをいろいろ言ったり、やったりしても、まだ党が潰れないのは、やっぱり何か変えてくれる人が必要だという気持ちが有権者にあるわけです。

村上　しかも、維新が本物かどうかはさておいて、それは今の自民党では難しいと思う人も多い。しがらみのない人じゃないとだめというのがある。

古賀　だから、自民党全体がそんな簡単に変われるかどうかわかりませんが、自民党の中で安倍さんじゃない道で行こうという人たちが、野党と協力してもいいけれども、「われわれは新しい道で行きます」とならないですかね。

村上　だけど、そんなことを標榜しても、有権者はまた疑うだろうね。ただの権力闘争でしょうと。

古賀　ですから、われわれはこういう政策をやりますとはっきり言う。それで僕は、いくつかやってほしいと思っていることがあります。一つは、これは自民党ではできないかなと思いますが、企業団体献金の廃止。これを絶対やってほしい。

村上　う～む。今の政権はその真逆を行っているからね。

古賀　だけど、これを最初に言って、言うだけでなく、自分が率先してやった人には、たくさん個人献金が集まると思いますよ。先の総選挙で立憲民主党の議員の中にはそうやって資金をたくさん集めた人がいた。立憲民主党は、実は企業団体献金を禁止してないんですけど、彼らは、口では禁止と言ってるし、実際にそうやってる人もいる。だから、しがらみがなくて改革できるんじゃないかという期待が集まるんでしょうね。選挙の告示後しばらくしたらどんどん献金が集まって、いくら集まったか知りませんけど、あれをちゃんとした仕組みでやっていたら、億単位でお金が入っていたと思います。
もう一つは、政治資金の情報公開です。現在は領収書なしでいい通信費や滞在費なども全部公開する。あるいは議員歳費を大幅カットする。そうやって自分たちが身を切ることをはっきり表明することが一つ。
これは全然財政再建につながりませんよ。村上さんは、それはポピュリズムだと批判されるかもしれませんが、でも、それをやっぱり言ったりやったりすることが大事で、それが国民の信頼を取り戻して財政改革に踏み出す一歩になるんだと思います。
村上 それは、否定しませんよ。口だけじゃだめだと言ってるんです。それと、やはり官僚も地に堕ちた信頼を早急に回復することが必要です。国民から見て政治家と官僚が何かつるんで得しているだろうと思われるようなことをやめないといけない。
古賀 政治家は、官僚が嫌がることでも、勇気をもってやるべきです。
村上 いちばんわかりやすいのは天下りだね。たとえば、安倍政権になってから、四大政策金融機関である政策投資銀行、日本政策金融公庫、商工中金、国際協力銀行、このうち政投銀を除く三銀行の社長が天下りになった。ただ、現在は、天下りは日本政策金融公庫だけになった。
古賀 ですから、その四銀行を完全民営化するとかですね。これは小泉元総理も言っていたことで、これまで延期に次ぐ延期となっていたのですが、それを実行する。

　村上さんがお示しになっているとおり、医療や介護費用がこんなにふえるのに、今の収入でやっていきましょうといっても、それはできない相談なのですから。

村上　まったく同感です。

情報公開を徹底する

古賀　ちなみに、二〇一七年に内閣府が出してきた「行政文書の管理に関するガイドライン」の改正、あれはもう全然だめですね、僕から見れば。
村上　どうしたいの？
古賀　たとえば、加計学園問題で、国家戦略特区の会議議事録の内容で隠ぺいがあったという議論がありますが、役所では毎日いろんな会議をやっています。あれを全部ネット中継すればいいんです。それがいちばん簡単な情報公開の方法です。そうなれば、議事録の公開の前に一般市民がすぐ知ることができる。一部始終をみんな見ているんだし、それにリアルタイムだからニュース価値がある。議事録は一カ月とか二カ月たってから公開されるんです。それじゃあニュースにならないですよ。

村上　モリ・カケ・スパコン疑惑でもわかるように、官僚の情報隠ぺいの手口は巧妙かつ徹底しています。前川喜平元文科省事務次官が「あったことを、なかったことにはできない」と言ったけど、役人にとってはそんなことは朝飯前なのですよ。

古賀　僕が公務員改革やっていたときは、その会議を全部ネット中継したんです。これには官庁からものすごい抵抗がありました。財務省とか内閣府からです。

それでも無理やり押し切ったのに、第一回はどうなったかというと、機械が故障して中継できなかったと言うのです。ふざけんなって思いましたね。わざとやったんじゃないと弁明していましたけど、あれは明らかに故意にやったものだと思いました。

村上　国民に苦痛を伴う税の負担をお願いするのであれば、そうした情報公開がどうしても必要です。やましいことはやっていないことを世間に明らかにしないといけない。それを邪魔する勢力とは闘う姿勢を見せる。そうして国民の信頼を取り戻す。

古賀　そうですね。森友事件では、文書の改ざんと破棄が大問題になっていますが、すべての文書、メール、録音データを保存して、仮に廃棄するなら、必ずその文書を公開する。公開できないものは廃棄を認めないようにすればいい。決裁文書などは廃棄できないようにブロックチェーンを使って保存することもできます。

情報開示ではもう一つ、予算関連も重要です。増税分はビタ一文無駄にしませんと使い道をわかりやすく明らかにする。もちろん国の借金を返すためにも使うし、社会保障に重点的に配分すると約束する。

もう一つ、ようやく国民が気づき始めたのは、結局増税したって武器を買うんじゃないかということです。軍事優先の安倍政権に対する不信感ですね。

村上　少し前まで、防衛費はＧＤＰの一％までと、ちゃんとタガをはめていたわけです。昔の自民党は賢かったんです、そういう意味ではね。自分でタガをはめて、それ以上ふやさないようにしていた。

古賀　ですから、その上限規制をもう一度復活させる。増税分が全て国民のために使われることを約束するんです。

北欧では、いくら税金を取っても、それは国民に還元されるということで国が信頼されているのです。ですから日本も、増税とその正しい使い道をセットでアナウンスしていくしかないんじゃないでしょうか。

村上　同時に、ただ金を集めますだけじゃなくて、本当の成長戦略をもう一度つくり直す必要があります。そういう意味では、アベノミクスの「三本の矢」のような感じで、同時並行でやるしかないのです。

でも、そこで強調するのは、今までの安倍さんみたいにお友達中心の政治じゃだめだということ。そうではなくて、本当に国民のために返ってくる政治をやりますと断言する。なんかいい政治に変わりそうだなという期待を国民にもってもらう。

古賀　なにしろ今は、国民の信頼を得られるかどうかが、財政再建の鍵なのです。

金融緩和の行き着く先

村上　財政再建待ったなしというところでは、完全に一致したわけだけど、そこで、もう一つのアベノミクスの頓挫、金融緩和についてもう少し突っ込んで考えましょう。

まず国債の問題ですが、日銀が買い支えるということで、何か国民は安心しているようだけど、日銀が国債を持つことが妥当なのかどうか、なぜ誰も説明しないのだろう。

古賀　説明されてもわからないんじゃないでしょうか。結局、日銀が円をばらまくということは、国内的には物価が上がるということ。ただし国際的に見れば円は安くなって、日本の価値がどんどん下がっているわけです。日本のものは何でも安く買えますという状況になっているのです。

この間ツイートしたらすごい反響があったのですが、東京の最低賃金がいま時給九五〇円です。ところが、いまアメリカでいちばん元気な都市サンフランシスコは確か一六〇〇円を超えています。昨年（十七年）で十四ドル、今年（十八年）は十五ドルですよ。数年したら、日本の二倍になる。

結局いま日本で何が起きているかというと、全員等しく貧しくなりましょうという道なんです。

それが、日銀が国債を買い支えることの弊害の一つです。円安で国を少しずつ貧しくしていく。危険な自傷行為です。

村上　貧しくなる国にやってくる奇特な働き手はいなくなる。外国人労働者が日本を見限る。

古賀　今や、中国人労働者の増加率は小さくなってきました。先日会った中国専門家が言ってましたが、中国の出稼ぎ労働者の間では、「日本はブラック企業ばかり」、つまり給料が安くて労働条件が非常に劣悪だといわれているのです。日本に来るよりも韓国とか台湾に行ったほうが稼ぎになる。今ふえているのは、ベトナムとかネパールとかミャンマーからやってくる人たちです。

要するに、そういう国々と生活レベルを同じにすれば、日本人も生き残れる。いま日本が向かっているのは、間違いなくそうした方向です。

村上　もう一つ、金融緩和で問題だと思うのは、そろそろ第二地銀や信組がもたなくなるということです。

なぜかというと、国内経済が縮小して借り手がいなくなっているので貸出しが伸びず、地銀は国債の利子と皆さん方から集めたお金を日銀の当座預金に預けた利子で食べている。それなのに日銀がどんどん国債を買い占め、地銀に回る国債がどんどん減っています。そのうえ、日銀に当座預金を預けても、今はマイナス金利。いちばんの収入源がどんどん削られている。なんとかしてくれという陳情が、私のところへよく来ます。

古賀 先ほども言ったことですが、国民の資産が海外に逃避するというのは、まさにそのことです。地銀や信組はいま稼ぐネタがない。特に地銀は国債があっても儲からないから、リターンが大きい海外投資に向かうしかないという状況になっています。

ということは、国民一人ひとりが決断しなくても、それは国民の金融資産が外へ出ていくということです。

村上 日銀の国債買い占めは相変わらず続いていますが、その国債の玉（ギョク）も、そろそろなくなりつつあるわけです。そうすると、日銀が抱え込んだこの国債、いまGDPの八一・三%で四四〇兆円ぐらいかな、これを将来的にどうするのか。

古賀 かなりの割合を「永久国債」にするでしょうね、たぶん。

村上 永久国債ねえ。償還期限がない国債ですね。

古賀　ええ。もうそれしかないと思います。普通に出口政策でやりますと言っても、ちょっと方法がないと思います。

村上　氷漬けにするのはいいんだけど、固定で払う国債の利子はどうするのですか？

古賀　それが問題ですね。国債の利子は、今はマイナス金利だし、非常に低い。それで永久国債にするんだけど、金利をどういう仕組みにするかわかりませんが、完全変動制にしたら、どこかで必ず跳ね上がりますよね。

村上　そう。だから私が心配しているのは、まず永久国債という制度自体が法律的に認められるかどうか。それから、長期金利が今は低いから助かっているけど、一気に跳ね上がると、沈むタイタニックのように、乗っている者すべてが巻き込まれて沈んでいくことになりかねない。それを心配しているんです。

古賀　そうなったら、もうしのげないと思います。

村上　そうは言っても、われわれ政治家や官僚の役目は、そういう劇的状況が来ないようにするための政策をつくることです。正直に言うと、私は古賀さんと同じ考えです。もうここまで来ると、財政の危機的状況は免れないし、たぶん金融も大変な危機のレベルにある。

ところが、安倍さんは、いったい何を考えているのか、いまだにアベノミクスのアクセルをふかすだとか憲法改正の発議だとか、政策の優先順位が間違っていると思います。

古賀　繰り返しますが、僕が何年も前から言っているのは、早く破綻したほうがいいということです。まだ自力が少しでも残っているうちに破綻させろと申し上げている。

村上　ギリシャは小さい国だから破綻してもＩＭＦや他国からの援助で立て直すことができます。ギリシャの借金はせいぜい四十兆円。日本のように借金が一三〇〇兆円なんて国はほかにないでしょう？

古賀　日本は借金も大きいけど、経済規模も大きいし、国の資産規模も大きいのです。巨大な塊を少しずつ切り崩しているから気づきにくいんですが、ギリシャのような小さい国はドンと削られたらドカーンと落ちる。

村上　そこですよ。いま日本が滝つぼに落ちると、日本経済の規模は戦艦大和ぐらいの大きさだから、浮上するのが大変だと私は思っているわけです。

最悪、デフォルトになるとどうなるかというと、集めた税収の範囲でしか予算が組めない。もちろん新規の国債発行はできません。アルゼンチンがデフォルトしたときは、国債が七十五％のカットになった。つまり、一〇〇〇万円の国債を持っていても、二五〇万円の価値しかないわけですから、国民にとっては悲劇です。

しかし、国としては整理が早い。要するに、借金が七十五％も棒引きされるんだから、一〇〇〇兆円の借金があっても二五〇兆になる。超緊縮財政の中で、まず預金封鎖になり、そして新円切り替えになる。たんす預金はマイナンバーで全部把握されます。

古賀さんが言うように、早く清算して出直したほうがいいと私も思いますが、国民にしてみれば、国債が七十五％カットということは、銀行も生保も損保も国債を持っているわけだから、自分の預金が四分の一になるわけです。

古賀　大金持ちはまだお金を持っているし、そもそも海外に資産もかなり持っている。僕の友達はほとんど、資産の半分以上は海外に移すと言っています。

だけど貧しい人は大変です。たとえば卑近な例として、お金がなくなったら自治体がごみ集めに来なくなります。金持ちは高い金を払って業者に引き取らせます。だけど、貧乏人は臭いごみの中に住むしかないですよ。病気になって医者に行っても、「いや、あなたは国の保険ですから」と断られる。「民間保険に入っている人じゃないと診られません」となります。だから、貧乏な人ほど大変なことになると思います。

村上　なるほど。ただ、私は古賀さんと少し違う考え方していて、いまある一三〇〇兆円の借金をたとえば五〇〇兆円ぐらいまで減らせれば何とかなるかなと思っているわけです。

ちなみに、ドイツは借金がほぼゼロです。ドイツが東ドイツを抱えるときに、これからお金がかかるというので消費税を二十％ぐらいにしたんです。

日本もそうやった場合どうなるか。単純な計算をしますと、消費税一％で約二・五兆円とすると、二十％で毎年約五十兆円入る。それを二十年つづけると、五十兆円×二十年で一〇〇〇兆円。私はそろそろ、こういう決断の時期が来ていると見ているんですよ。

つまり、ドイツのように最初からこれだけかかるということで税制を整えておけば、こんな借金をつくらないで済んだのに、日本は一、二％上げるだけで大騒ぎしている。これではどうにもならない。どこかでドラスチックな改革をしないと、間に合わないと思っているわけです。

基本的には、古賀さんの言う「早く破綻すべき」という見方は、政治的タクティクスからすると非常にリーズナブルだとは思いますが、その前に一度、どこかで荒療治をやる必要があるのではないかという気はしているのです。このままダラダラやっていたら、どうにもならない。

古賀　その荒療治が、現在の日本で可能であれば、ですが。

村上　私が心配するのは、次の世代に対する責任です。前回の総選挙で、私は「よりよい社会を次の世代へ」というスローガンを掲げたのですが、これでは、よりよい社会どころか「破滅的な日本を次の世代へ」となるのではないかと、非常に心配しているわけです。

＊10 **プライマリーバランス**　基礎的財政収支（Primary balance）。政府会計において、過去の債務に関わる元利払い以外の支出と、公債発行などを除いた収入との収支勘定のこと。

私たちの提言

村上：❶国の借金をまず500兆円まで減らす戦略を考える。
❷デフォルトが現実のものになる前に財政再建の道筋を立てる。
❸金融緩和の出口戦略を早急に検討する。

古賀：❶プライマリーバランスが回復するまで議員歳費の３割、公務員給与を２割削減。

第4章

税と社会保障の一体改革を再び

私たちの日本再生論2

医療・年金・介護の皆保険は限界にきている

村上　私がもっとも心配しているのは、投票権や発言権のない私どもより下の世代のことです。

世界を見渡しても、医療、年金、介護、全て「皆保険」でやっているのは日本だけです。アメリカは、医療を国家がすべてみるということはしていません。年金は確定拠出型です。戦争さえやめれば「平和の配当」で立ち直る可能性がある。日本は社会保障のすべてを皆保険で国が負担してきましたが、もう限界に来ています。増税もしないで必要経費ばかりがふえてくるわけですから。

古賀　結局、皆保険といっても、その保険でどこまで面倒を見るかということですよね。今だって先進医療のうち保険適用にならないものはあるわけです。それを際限なく全部保険適用していくのか、逆に、たとえば風邪薬は適用しないというふうに縮めていくのか。

何とか現在の皆保険を回そうと思えば、そこは縮めていくしかないわけです。ですから、それは選択肢として国民に提示していくしかない。このまま増税なしだったらこう縮小していくことになります。あとのところは、民間の保険でやってくださいと言うしかない。

村上　最近、医療費がものすごく上がっているのをご存知ですか。皆保険でやっているために、一人の患者の医療費が一カ月一億円以上かかる例が出だしましたね。

そこまで極端ではなくても、たとえば末期医療でも大体一週間で一〇〇万円、一カ月で一〇〇〇万円という例もあります。

現在のような保険制度だと、患者が要求したら高額な末期医療をやらざるを得ないんです。

そこを欧米ではどうしているかというと、患者が食べ物を自分の手で自分の口に持っていけなくなると、それはもう神様に委ねるしかない。そして、治療も手術もしない。ホスピスを利用することになるようです。

イギリスはもっとドラスチックですよ。六十五歳以上の人工透析患者は全額自己負担です。

古賀　六十五歳ですか。かなり厳しいですね。六十五歳なら、まだまだ元気で活躍できる。ただ、日本の場合はオーバートリートメントになっているケースも多いと思います。本人が、本当にそういう処置を望んでいるかどうかわからないまま、必要以上の治療、必要以上の投薬が多い。とりわけ、過剰投薬は深刻な問題だと思います。そこをどうするか。

村上　たとえば、がんの手術費。これから国民の二人に一人ががんになるわけですね。治療費はだいたい一〇〇〇万円ぐらいかかるのですが、たとえば元総理のように七十歳以上だと個人負担は十分の一で済む。それから高度医療でも、今は二十五万円ぐらいで済みます。そうすると、実際は一〇〇〇万円かかるのに、二十五万円の個人負担で済むとすれば、差額ベッド代は別にして、残りの九七五万円は次の世代が払うということです。次の世代は大変なことになってしまうのです。これをどうするか。

それからもう一つ、いちばん問題なのは、私も六十五歳を過ぎたけど、高齢者の医療、年金、介護費用はだいたい一人当たり二五〇万円かかっている。だから、高度医療費を一〇〇〇円や二〇〇〇円上げても焼け石に水なんです。

この間もＴＢＳの番組「時事放談」で申し上げたのですが、受益と負担のギャップが大きすぎるんですね。このギャップをどうやったら埋められるか。

古賀　延命治療について言いますと、知り合いの医者が「古賀さん、寿命は人によって違うけど、七十歳を過ぎたら延命みたいなことは禁止したほうがいいよ。死ぬのは自然なんだから、人工的に生かすのはやめたほうがいい」と言う。この方は、カネもうけじゃなくて、本当に親身になって患者に尽くしている真面目なお医者さんです。

七十歳の適否はともかく、医者の中にはそう考えている人は結構多いです。ただ、実際にそれをご家族に対して言えるかどうかはわかりませんね。

ですから、家族が治療してくれと言っても、無条件に治療するということではないというルールをつくっておく。医者の立場から、尊厳のある死という別の選択肢もありますよと提示する。どうしても延命を希望するならそれはやりますが、それにはべらぼうなお金がかかりますと伝える。やはりいくつか選択肢をつくっていくことじゃないですかね。

村上　そこで参考になるのは、フランスの「キャップ制度」。国民医療費の上限を決めて、その絶対額をふやさないというものです。それは、日本で可能かどうか。

古賀　たぶん、嫌だということになると思いますね。国民投票をやっても否決されるんじゃないですか。ただ、財政的にこれ以上払えませんとなる可能性はありますね。

いま国がやっているのは、それも含めて全部、日銀が国債を買って支えますということですから、もうそんなことやめましょうよとなる。軍事費を削るだけじゃなくて、社会保障費も削るしかないでしょう、という問いかけをせざるを得ないところまできているんだと思います。

村上　そう考えてくると、今回の医療報酬の値上げも問題です。本当は中医協で支払い側（国）と負担する側（患者）と医療者の三者が議論を積み上げていくべきなのに、一挙に官邸主導でやってしまったでしょう。

古賀　あっという間でしたね。あれは官邸の意向で、総選挙で支持してくれた医師会に恩返しをしたわけです。

村上　今は国民がみんなで我慢しようと言っているときですよ。私の母も妹も娘も医者をしています。開業医をこれ以上優遇することが税制上正しいのかどうか。そのあたりの考えが非常にアバウトで、あまりにも情実的なことばかりやっている。

古賀　予算と税に対する取り組み方が極めて粗く、しかも決定のプロセスが非常に乱暴なのです。さらに言えば、「不公正」です。それは医療費に留まりません。今回もトランプ大統領が来日してアメリカの武器を買えと要求したら、何も言えずに買いますと答えた。それがまともな独立国の行政や予算のあり様なのかと腹が立ちます。

村上　とにかく、社会保障の「受益」と「負担」のギャップを埋めるためには、今の「高福祉・低負担」から「中福祉・中負担」へと、社会保障の国民的合意を変えていくしかないのです。

力を失った自民党税調

古賀　むかしあれほど力のあった自民党税制調査会（党税調）の影がすっかり薄くなりましたね。

村上　そのことですよ。昔話で恐縮だけど、私が若かったころの自民党は、税についても、とにかく真剣な議論を交わしたものです。

　私は、長らく党税調会長を務めた山中貞則さんにこう言われたことがあります。「村上な、終戦直後は東京に出るのに三日間と帰るのに三日間だ。故に、金帰火来（＊11）なんかできないわけで、通常国会が始まったらずっと東京にいるしかなかった。だから、することがないから税の勉強をしていた」

　われわれ新人議員は、「ああ、そうですか」とかしこまって話を聞く。「村上な、税はやはり理論だ。公平・公正・中立じゃなきゃいかん」と山中さんはよく言っていました。

　ところが、第二次安倍政権になると、税は党の税調で決めるというよき時代が終わり、いつの間にか官邸主導になってしまった。

古賀　昔のイメージでは、税調で山中さんがＯＫと言わなかったら何も通らない。われわれ官僚はそう思い込んでいました。永田町でも霞が関でもそれが常識だった。

　ところが、安倍政権になって税調を飛ばしていろんなことを決めようとしたから、僕らの感覚ではそんなことができるはずがないと横から見ていたわけです。ところが安倍さんはそれをやっちゃった。

　みんなが頭の中で、これは変わらない仕組みだと思っていたのに、別に法律が変わったわけでも何でもないのに、実質がガラッと変わる。それは、村上さんがおっしゃったように、権力者が本気でやろうと思えば理論的にはできるかもしれない。だけど、これまで誰もそこまでやらなかった。誰も踏み込まなかったことを安倍さんはやっているわけです。

村上　それが正しい方向なら、国民も歓迎すると思います。ただし、実態は選挙の事情や情実政治ですから、前川元文科事務次官のセリフじゃないけど、「行政が歪められている」わけです。

消費税はどこまで引き上げられる？

村上　前にも述べましたが、要するに、二〇二五年までに団塊の世代がすべて後期高齢者になる。そのとき日本の社会保障制度はもつのかということです。二〇〇〇年時点の医療、年金、介護の費用はおよそ七八兆円だったのですが、二〇二五年にはその倍、約一五〇兆円になる。医療費だけでも毎年一兆円ずつふえているのです。

そんな状況で、国民の負担増なしに、世界に冠たる日本の皆保険制度がつづけられるのか、ということです。答えは小学生が考えても「ノー」です。

古賀　そもそも、われわれ日本人が税金を払うのを嫌がるのは、今の安倍政権のような政府への不信感があるからです。北欧は国民負担率（税負担＋社会保障負担）が日本に比べて非常に高いのに、それを不満に思う人が少ないのは、政府に対する信頼があるからです。

村上 日本では増税すると言うと、「どうせ意味もない公共事業に使うんだろう」ぐらいに思っている。北欧の政府への信頼感とは大違いです。まったくうらやましい。

古賀 安倍さんは消費税増税を政治の道具としてもてあそんでいる、という批判がありま す。私もそう思います。

二〇一九年十月に消費税を現状の八％から十％に引き上げることになっています。この二％増税でふえる五兆円のうち、四兆円は国の借金返済に充て、残りの一兆円を社会福祉に充てる約束でした。

ところが安倍さんは突然、四兆円のうちの一部を子育てや教育支援に回す考えを記者会見で発表したのです。なぜか。総選挙が近づいていたからです。

村上 あれは民進党の前原誠司代表の政策をパクッたんですよ。誰が考えたか知らないけど、ある意味、見事な選挙戦術です。安倍さんは、ああ見えて、意外に狡猾《こうかつ》だという評があるね。

古賀 しかし、国民はそれほど愚かじゃありません。確かに増税分が全部国民に返ってくるとなれば、少しは信頼を取り戻せるかもしれません。だけど、賢明な国民は一〇〇兆円

（特別会計などを合計すると約二五〇兆円）という国家予算の中に壮大な無駄遣いが隠されていることに気づいています。政府に対する不信感は、そんなことでは払拭《ふっしょく》できません。

村上　政官の癒着、利権漁りの舞台になっているんじゃないかと気づいている。

古賀　付け加えると、天下りもその利権構造の一つです。

村上　そうした利権構造がなくなり、予算の真実が国民にガラス張りになったとき、はじめて国民の信頼感が得られ、社会保障を維持するための消費税の大幅引き上げの可能性が見えてくるという道筋です。

古賀　先ほど村上さんが国の借金返済のための消費税二十％増税という話を試みに出されました。その道筋の一つを示すと、来年いきなり二十％にするというとたぶん経済は死んじゃうので、たとえば毎年一％ずつ上げると決める。だから、商店のレジなどもそういう設計にしてくださいと伝えておく。まあ、それだと二十年後にしか二十％にならないですが。

村上　途中で経済が悪化すれば、もっと時間がかかる。二十年では無理ということもあります。

古賀　そうですね。逆に、もっと早く二十％までいければ、社会はこれだけよくなりますという見通しを示すことも必要でしょう。あるいは全体の設計図ですね。消費税だけじゃなくて、たとえば企業の競争力がついて法人税の収入が上がれば、もうちょっと早く介護などの手当てが良くなりますよと見通しを立てる。そういう全体の見取り図がほしいですね。

村上 ひと言、言っておきたいのは、今の法人税減税論はたいそう無責任だということです。

経団連は法人税が高いから外国企業が日本に来ないと言いますが、アメリカのほうが法人税は高いんです。あるいは、ドイツや韓国が法人税を下げて税収がふえたと言う学者もいますが、あれは条件が異なるんです。

安倍さんの言う法人税率十%の引き下げで、一%につき四七〇〇億円の財源が必要になります。いったい、今の日本に、そんな余裕がどこにあるのかということです。

＊11　金帰火来　国会議員が週末の金曜日に地元に帰り、翌週火曜日に東京に戻ってくることを指す。

私たちの提言

村上：❶受益と負担のギャップを埋める（医療・年金・介護の皆保険制度の見直し）。

❷「高福祉」→「低負担」から「中福祉」→「中負担」へ。

❸社会保障の抜本的見直し、医療費のキャップ制度導入。

古賀：❶富裕者税負担の強化と年金カットと、富裕者優遇政策（金融所得の分離課税など）を廃止。

❷マイナンバーを、政治家・官僚・医師などに優先的に適用し、税・政治資金・診療報酬などの不正摘発に活用。

第5章

庶民を潤す真の成長戦略とは

私たちの日本再生論3

落日の日本の製造業

村上　さて、ここまで日本の「財政・金融問題」それから「税と社会保障」と話を進めてきたわけだけど、国民の皆さんがいまもっとも知りたいことは、少子高齢化の進む日本で本当に経済成長は可能なのかどうか。アベノミクスの頓挫はこれからの日本経済にとって致命傷になるのかどうか、といったあたりだと思う。

そこで古賀さん、私は金融・財政問題を一生懸命やってきましたけれど、経済政策についてそんなに明るいとは言えない。正直に申し上げる。ここは、元経産省のあなたが中心的に語ってもらいたい。

古賀　いやいや。ご謙遜を。

村上　最近は、ありがたいことに、私と同じような主張を述べる人がいろいろ出て来て、意を強くしているのですが、その一人が、アメリカの著名投資家のジム・ロジャーズです。ジョージ・ソロスやウォーレン・バフェットと肩を並べる世界的な投資家の一人ですね。ご存知でしょう。彼が、アメリカの投資情報のラジオ番組で今の日本についてこう話しています。

「もし私がいま日本の十歳の日本人ならば……。そう、私は自分自身にAK-47を購入するか、もしくは、この国を去ることを選ぶだろう。なぜなら、いま十歳の彼、彼女たちは、これからの人生で大惨事に見舞われるだろうからだ」

「AK-47」とは旧ソ連で開発された自動小銃のことです。「カラシニコフ」と言ったほうが馴染《なじみ》かな。数年後、日本は貧しくなって治安が悪化するから、自分で自分の身を守らなきゃならないと言ってるんです。ジム・ロジャーズのこのニュースは世界中で大きな話題になっているから、古賀さんもご存知だと思います。

古賀　ええ、結構衝撃的な発言でしたね。

村上　確かにここ数年、日本の株価は好調です。しかし、彼はあと何年かしたら、日本の十代たちはとてつもない泥沼にはまってしまうと言っている。なぜ、そう言えるのかを、やっぱり私としては早く国民にわかってほしいのです。とにかくアベノミクスは、はっきり言うと、もう賞味期限切れというか、頓挫しているとわかってほしい。そのへんを、きちっと論理的に古賀さんに説明願いたいのです。

古賀　先ほども言いましたが、拙著『国家の共謀』に書いた二〇三〇年の銀座の光景は、ジム・ロジャーズの指摘とほぼ似たような貧しい日本です。それでも、たとえば外資で働けるような人だけは給料は高いでしょう。だけど、普通の人の時給も一〇〇〇円や一五〇〇円に上がっているかもしれませんが、国際的に見れば、日本人の賃金は相対的にどんどん下がっている。これからも格差は広がる一方でしょう。

だから、円安だけで生き延びている今の経済で、新しく次を担うような種が何もないんです。アベノミクスというと、とかくマクロな話ばかりで日本はもうダメだという話をよくしますが、それだけではなくて、やっぱりミクロのところで相当傷んでいるというか、遅れかけている。いや、すでに遅れている。一人当たりGDPは世界で二〇位前後です。円レート次第でその順位は多少変わりますが。

村上　さっき古賀さんが言いましたが、賃金で見てもサンフランシスコの最低賃金は今年十五ドルで、邦貨で一七〇〇円。日本はまったくそれに及ばない。

古賀　そうですね。システムエンジニアの給料も、海外へ行けばすぐ年収一〇〇〇万円を超えるのに、日本人だと五〇〇万、六〇〇万でこき使われている。サンフランシスコの住民の間では、中流といえば年収三〇〇〇万円以上くらいをイメージすると言われています。

村上　要は、古賀さんの言いたいのは、次の世代の飯の種がないということ?

古賀　ないです。種がないし、世界には明らかに新しい飯の種が出てきているのに、日本はそこに向かっていない。

村上　なるほど。それはどうしてなんですかね。戦後は、よく言われるビクターのテープレコーダーから始まって、セイコーのクオーツ時計、本田技研工業のCVCCエンジンなど、世界に誇る技術革新でうまくやってきたのに、何でこんなに急激に、何もかも、とくに生産部門でいろんな不祥事が起きたりしているのか。その原因はなんですか。

古賀　落ちぶれたとはいえ、やっぱり日本経済はある程度大きいわけです。世界第二位の経済大国だったわけで、今でも、日本の国内だけで一応ビジネスは回るんです。一方で、世界はどんどん変わっている。日本はそこについていけないでいるのに、それがなかなか見えていない。

これが小さな国だったら、自分の国だけで勝負はできないから、最初から世界と一緒にやっていくしかないのです。しかも、これ本当におもしろいと思うんですけど、日本は言語の壁に守られて、外国の人が商売しにくい。それでグローバルな競争から守られているところがある。そのかわり、英語ができないから海外の人と十分な意思疎通ができない。

だから、トヨタなんかを見ていても、いろいろ海外で提携しなくちゃいけないと頭では思っても、やっては失敗、やっては失敗です。結局、相手にされない。あれだけの技術力があっても、です。

村上　確かに、ここに来て日本企業の海外提携は失敗が目立つ。原発でつまずいた東芝なんかもそうです。なんとも、歯がゆいことです。

古賀　今は世界の優秀な人、優秀な企業がそれぞれ手を組んで、日々合従連衡しながら新しいものをつくっていく時代です。それなのに日本は、日本人だけとか、せいぜいアジア、自分が上から目線でやれる相手だけを対象にしている感じですね。

たとえば三菱重工のＭＲＪ、初の国産ジェット旅客機があります。あれも完全な失敗に終わる可能性が高いですが、何年か前にボーイング社が救いの手を差し伸べてきたんです。コックピットをつくってやるから一緒にやらないかと言ってきた。もちろん上前をハネようという魂胆があってのことでしょうけど。しかし、やっぱり日の丸ジェットでなければというのがあって、三菱重工はそれを蹴ったんですね。

そうしたら結局、ボンバルディア社とブラジルのエンブラエル社の競合二社は、それぞれエアバス、ボーイングと組んじゃったのです。その二社は、ＭＲＪと同じクラスで後から開発を始めたのに、もう追いつかれちゃう。三菱重工は五〇〇〇億円の特損になるかもしれないと言われています。

村上　なるほど。それでちょっと聞きたいのですが、経産省には優秀な人材はもはや残っていないわけ？

古賀　残念ながら、ご推察のとおり、おりませんね。僕は法学部出身で、もともと経済のプロじゃない。だけど、ちょっと勉強しただけで、あいつは経済のプロだとみなされることもあるんです。

村上　古賀さんが、その一人なのですね。

古賀　いや、いや。今の経産省の若い人たちは大学を出るときまでは優秀だったかもしれないけど、その後はちゃんとした勉強をあまりしない。それで日々つき合っているのが、たとえば経団連の幹部だったりするんです。

　だから、たとえば、いま、EV、つまり電気自動車の流れが一気に来ているのに、経産省は何をやっているかというと、自動車課の課長はトヨタの役員とのんびりメシを食っている。あれだけ世界中がEV、EVと騒いでいて、しかも日本では自動車産業の一本足打法と言われているのに、その一本足を支える官僚が自動車課の担当者数名ですよ。ちなみに「一本足打法」とは、日本の輸出構造が自動車及びその関連産業に偏っていることです。

村上　だから、そこなのよね。なぜ昔は世界を先取りできていたMITI（通産省）に、それができなくなったのかがよくわからない。

古賀　戦後、経済がずっと右肩上がりで来たときは、官僚はやっぱり民間より優位にあったのです。どうしてかというと、圧倒的に情報力があった。在外公館もあるし、ジェトロもある。当時の通産省の情報収集力は民間企業とは比較にならなかったわけです。それと、通商摩擦とかがあって、アメリカをはじめとする海外政府とも日々丁々発止《ちょうちょうはっし》やっていたわけですね。

だけど今は、どちらかというと官民逆転して、情報に関しては民間のほうが優秀です。それを本当は、お互いに生かし合えばいいんだけど、残念なことに、そうはなっていない。

村上 それは、古賀さん、一時、公務員倫理規定法で官が政財と食事や会合をできなくしたんだけど、その影響かな？

古賀 いや、それはあまり関係ないと思いますね。要するに、変化のスピードが昔よりも速くなっているんです。それと同時に、リスクも大きくなっている。

昔は、欧米の後を追っていればあまり当たり外れはなくて、それでよかったんですけど、今はすごく変化が速くていろんな動きがあるから、ただ欧米のまねをしろといっても、どれをまねしていいかわからない。そういう中で官僚はやっぱりいちばんリスクをとりたくない人種ですから、新しいことに踏み切れていないんじゃないかと思います。

村上 それはわかる。そうすると話はもっと大変なことになるわけです。要するに、永田町の中ですら今の財政や経済、技術革新を知らない人がほとんどです。ということは、今の日本の政治や行政は、はっきり言えば、鎖国していた江戸時代みたいなものでしょう。それで古賀さんみたいな黒船がやって来ると、みんな、びっくりしている。

世界に通用する若手をどう育てるか

村上　繰り返しになるけど、今の政治家も官僚も財界人も、すなわち公人が劣化し過ぎたんじゃないですかね。政治家はもとより官僚も、時代の変化に追いつけなくなっている。とすると、日本はどうしたらそういう世界規模の技術革新の変化を吸収して、戦後の日本のような世界に冠たるものづくりの国に戻せるのか。それも一つの大きなテーマかなという感じがします。

古賀　そうですね。ただ経済界も問題ですね。日本の経済は経団連企業が牛耳っているわけです。戦後の公職追放じゃないですが、あそこのメンバーをばっさり入れ替えるぐらいの改革が必要じゃないですか。そして思い切って、若い人たちをリーダーに抜擢する。

村上　言われるとおりで、昔は日本経済をけん引したのは鉄と電力と銀行でしたかね。そこがいずれも、時代の潮流から取り残されている。

世界に通用する鋭い感覚を持った人を、どうやって経済界や政界、あらゆる分野に導入できるのかと考えると、私も気が滅入って来る。財政と金融と社会保障をこれからどうするんだと思案しています。

古賀　本当に困難な道のりです。二十年か三十年ぐらいかかるような感じがします。日本ではわずか二年ほど留学してＭＢＡをとってきて、それで国際派だみたいな感じになっているけど、それではとても太刀打ちできないと思います。

村上　戦後の日本は本当に貧しかった。だけど、われわれより少し上の先輩までは、「フルブライト資金」でアメリカに留学し、最先端の学術的知見を習得して帰ってきたわけです。それが今では、すっかり中国とかベトナムにとって代わられ、日本から留学する人は極端に減ってしまった。

古賀　現在は役所のひも付きで行く人がほとんどなんですね。企業から行く人も企業のひも付きです。ところが、中国は行った先のアメリカで活躍して、それから本国に戻ってくる。

ですから日本も、中国の留学制度「ウミガメ政策」みたいに、とにかく十年は帰ってこないで、世界で実績を出してみろと。そうして実績をつくった人を本国に引っ張ってくる。

そのいい例はシンガポールです。どんどん人を海外へ出しているんですけど、どういう出し方をするかというと、欧米の大企業には行かせないんです。立ち上がったばかりのベンチャーで、しかも人がほとんどいないようなところに行かせる。生活費まで出してやるから、そこで働いて来いと言って出す。その理由は、人がいないベンチャーだったら実質的な仕事ができる。それで育って帰ってきたら高給で雇うという仕組みです。

世界の変化に追い付けない日本

村上　なるほど。そんなことを知っているのは永田町にも、経済界にもほとんどいないのではないかな。そこで、聞きたいのですが、なぜ日本の法人がこんなに責任感の欠如した組織に劣化したのか。それと世界のリーダーが、なぜ急激にこんなにおかしくなったのか。

これについては、どう思われます？

古賀　いわゆる「ポピュリズム」と言われるものが、どうしていま世界で一斉に起きてきたのか、これについては俗説的な解説がいろいろ飛び交っていますけど、正解は難しい。

私が思うには、一方でピケティ（＊12）が言うような資本主義の限界みたいなものがあって、他方で産業の技術レベルが「ＡＩ」や「ＩｏＴ」などの進歩があって驚くほど高くなった。ほとんど人なんかいなくてもいいという世界にいま近づきつつあるわけですね。

それは逆にいうと、懸命に働かなくても、実は分配さえうまくやれば食べていけるということです。だから日本も、貧しい人に頑張って働いてくれと言わなくても、みんなでちょっとずつ分け合えば生きられる世界なのですが、そうはなっていない。

この状況はもっともっと徹底していきます。ＡＩが進展すればするほど、結局資本を持っている人が富を独占する。だから、一般庶民はもう太刀打ちできない。どんなに頑張っても、どんなに勤勉であっても、です。こうした仕組みが基本にあるわけだから、今までの延長線上で一応政治家が、「庶民のことを考えていろいろやってます」と言っても、庶民階級の暮らしは一向によくなりません。

村上　いやいや、政治家はもっと、庶民の暮らしを考えるべきです。

古賀　仕組みを変えてやらないと、「ＡＩ」や「ＩｏＴ」の恩恵は、庶民にまで浸透しません。今はそれをやるだけのやる気も能力もない人たちが上にいる、ということかもしれませんが。

村上　そうそう。まさにそこなんですよ。ごく一部、仮にまともな人がいたとしても、今の仕組みを基本的に変えるなんてことは考えないし、できもしないわけで、私が心配しているのは、幼児教育の無償化とか高校の授業料無償化とか、とにかく政治がバラマキ合戦をやっていることです。結局それで、多くの政治家が議席やポストをもらえば、政治をやっている気になっている。

ちょっと、古賀さん、これは相当根っこが深いですね。

古賀　これから日本は大変です。だから、結局破綻するしかないという人も多いのです。

戦争をしないと気がつかないのと同じで、破綻しないとどうせ気がつかないと思っている人が多くいます。そこからもう一回やり直すしかないと思っている。それぐらい絶望している人が多くて、そのときに備えてとりあえずどこに逃げ場をつくったらいいかを考えている。優秀なベンチャーの人たちはほとんど日本を見限っていますね。もう日本はだめだとあきらめている。だめだけど、儲けられるあいだは儲けさせてもらいますよ、みたいな感じの人たちが多いですね。

村上　私も古賀さんとほぼ同じような感触です。滝つぼに落ちないと日本人は気がつかない。第二次世界大戦も負けて初めて悟るし、財政も金融もたぶん大変な状態になってからみんなわかるんです。

だけど、太平洋戦争のときと今では国の経済規模が違いすぎます。戦艦大和を滝つぼに落とすと、浮上するのは大変だと思うから、少しでもショックをやわらげるつもりで、私も一生懸命やっているのです。

最近ちょっと驚いたのは、ある新聞が、全面的にアベノミクスの正念場だと、アベノミクスはほぼ頓挫したと認める記事を書いたことです。

古賀　村上さんがこれまでいろんなところで言い続けてきたことが無駄にはなっていない、ということですね。

村上　ただ、それで国民が気づいてくれて、簡単に立ち直れるならいいんだけど、デフォルト寸前まで行ったり、金融が破綻したりしてからでないと方向転換できないのかという危惧があるわけです。

古賀　だから、このままいくと、心ある少数派が多少頑張ったぐらいじゃ、とてもじゃないけど戦艦大和を急旋回させるのは難しいです。放っておくと、本当に地獄に落ちます。しかし、それでは国民が困る。

村上　ジム・ロジャーズも「将来にツケをまわすような政府を早く退陣させろ」と言っています。やっぱり、もう安倍さんにお引き取り願って、一日も早く方向転換しないといけません。

古賀　この記事、「十歳の日本人ならば」とありますけど、わが息子はもう三十歳になりました。ずっと彼に言い続けてきたのはとにかく日本を出ろということです。日本で外資系の会社に入って勉強して、それで会社を辞めて自費でアメリカに留学してＭＢＡを取ったらもう帰ってくるなと。ところが、いま、日本からの海外への留学生が激減しています。しかも一流大学に留学できるのは、企業のひも付き留学ばかり。卒業したら、みんな日本に帰ってくる。海外で本当に一人でやれる人材がほとんど育たないんです。

一方で、独力で留学して本当に力のある留学生から見ると、どう考えても、日本なんかに帰る気になれない。「帰る理由がまったく見つからない」と言うんですね。

村上　古賀さんや古賀さんの御子息みたいに優秀な人ははっきり言ってコスモポリタンで生き残れる。私みたいに水軍の子孫で、語学も弱い、外国の食事は口に合わない、そういう土俗的な人間は、日本で死ぬまで生活するしかない。そういう人間がほとんどでしょうと言いたいのです。

古賀　ですから、若い大学生に講演するとき、半分冗談だけど半分本気で言っているのは、優秀な人はそうやって海外へ行けばいい。でも、僕なんかそんなことできませんという子もいるんです。そういう子に、「君どこでバイトしてるの?」「コンビニです」と。「コンビニに中国人がいるだろう。中国人のかわいい女の子を見つけて中国語を勉強しなさい。中国語ができるようになると、そのうちすごく得するから」というようなことを言ったりするんです。やはり外の血を入れないと、日本は変われないような気がします。

村上　なるほどね。古賀さんの話を聞いていると、いま私が考えているような政策では、まだまだ追いつかないと思います。

それでね、さきほどの図2「政府債務残高の名目GDP等に対する比率の推移」（89ページ）を見てほしいのですが、節目の年、まず一九〇五年、次に一九四五年、そして一九八五年、最後に図には入っていないけれど二〇二五年。それぞれ順に、日露戦争、第二次世界大戦の敗北、プラザ合意（マネー敗戦）そして団塊の世代が七十五歳以上になるのが二〇二五年なんです。ここが、日本の高齢化とそれから社会のシステムが本当に生き残れるかどうかの分岐点じゃないかと私は思っています。

古賀　四十年周期ということですね。四十年大転換説。

村上　そうそう。ここまでは日本は何とかやってきたが、この二〇二五年、あと七年、ここで、さきほど言った大転換できるかどうか。やっぱり瀬戸際じゃないかという感じで問題提起しているんだが、どんなものだろう。

要は、アベノミクスがすでに頓挫しているのは明らかなのだから、それに代わる策を提起したいと思うわけです。

ポスト・アベノミクスを考える

古賀　そのためにも、もう一度、アベノミクスの棚卸しをしてみますか。

村上　そうだね、多少重複するかもしれませんが、ひとつ頼みますよ。

古賀　要は、アベノミクスが為替を円安にして公共事業をばらまいて、国債でファイナンスしてという、第一と第二の矢をやっている間に、日本経済の底力のところを整備し直すという第三の矢・成長戦略を、なるべく短期間にやらないといけなかったわけですね。もちろん、その効果が出るのに何年かかかるわけだけど、もう五年たっています。そろそろその成果が出て、新しい日本に切り替わっていないといけなかった。でも結果的には、いちばん重要なそこのところは何もなかった。これは、たぶん日本国内だけでなく、世界中の一致した評価だと思います。

村上　実際には設備投資も、人材投資も、産業構造の転換もさほど進んでいない。

古賀　本当に経済が復活してきていれば設備投資もどんどんふえるし、それから人材投資も進むし、給料も上がる。これから設備投資は少しふえてくるとは思いますが、賃金はさほど上げられない。企業が賃金を上げられないのは、国際的な競争力がないからです。

それから実質賃金がまだ大幅に下がったままなんです。前にも言ったとおり、四%以上、下がっています。これを取り戻すのはほとんど不可能になっている。というのは、今年、頑張って一ポイント戻してもまだ二ポイント以上あるし、次の年は消費税増税で一ポイント以上またへこみますからね。何年たっても取り返せないんですよ。

村上　古賀さんの見るところ、企業が賃上げできない最大の理由はだろうか?

古賀　結局、日本の企業が将来に自信を持っていないのが理由です。給料、特に基本給は一度上げたら、下げるのは大変です。長期的に儲けることができるという見通しがないと、どうしても二の足を踏んでしまう。従来の事業をやってるだけでは不安なんですね。では、日本の将来を担うような企業、産業が出てくるのか。というか、出てくるために何をしないといけないかということじゃないでしょうか。

村上　ここまでの話だと、見通しは暗い。

古賀　意外に思われるかもしれませんが、実は安倍政権の「働き方改革」というのはある意味でポイントを突いているのです。というのは、日本は八十年代からぎりぎり九十年代ぐらいに、「ジャパン・アズ・ナンバーワン」と言われて、非常に競争力があった。あのころの日本は、本当の意味での先進国になる寸前まで行ってたんですよ。

村上　その「先進国」という意味は？

古賀　先進国の定義というのは何かというと、ある程度経済的に発展すると、どこの国でもそうなんですが、出生率が下がるんです。それは豊かになって教育レベルも上がるというような理由なのですが、そうすると必ず人手不足になります。経済は成長するけど、人口はそれに伴ってふえないからです。そこが転換点なんですね。

そこで本来は、人が希少なものになるから、ほかのものに比べて人の価値が高くなるのです。そうすると結果的に賃金は上がるし、労働条件はよくしないといけない。日本はそういう転換を、本当は八十年代後半ぐらいから九十年代にかけてやるべきだったのです。

ほかの国はほとんどそこで一度つまづくわけです。要するに、賃金が高過ぎて競争力がなくなるんです。それを二十年ぐらいかけて構造転換することで克服する。賃金を上げても労働条件をよくしても儲かる産業や企業に変わっていくということです。ドイツもフランスもイギリスも、それをやってきているわけです。

村上　日本はそれをやらなかった？

古賀　そうです。日本は何をやってきたかというと、賃金が高過ぎて競争できないから賃金を下げろという方向に向かったのです。賃金を下げるというのは、たとえばもっと残業しろとか、休みをあまりふやさないという形にも現れます。派遣とか請負のかたちで低賃金労働者をふやし、それでも結局新興国に追いつかれて、どうしようもなくなって円安に行ったわけです。一ドル八十円を百二十円まで円安にすれば、国際比較では給料が下がる。時給八〇〇円なら、一ドル八十円で十ドルですが、一ドル一二〇円なら六・七ドルですから、国際競争力は三割以上アップしたわけです。

村上　本当ならそこは歯を食いしばって、儲かる産業と企業に変えていかないといけなかった。だけど、さっき古賀さんは安倍政権の「働き方改革」がポイントを突いていると言ったけど、それはどういうことでしょうか？

古賀　ちょっと言葉足らずでした。ポイントは突いているのですが、そこから先が的外れなんです。どういうことかというと、「働き方改革」で賃金も上げましょう、労働条件もよくしましょう。そのためには、労働生産性を上げなきゃいけませんと言う。でもそれは、要するに既存の企業や産業の仕組みの中で生産性を上げて賃上げ分を吸収するという発想で、それで生産性アップは絶対できないです。

村上　なるほど、それほど日本産業の危機は深いということですね。もっとドラスチックにやらないといけないと。

古賀　ここ数年、ほかの国で何が起きたかというと、企業の淘汰です。企業は淘汰されるし、産業構造も変わっていく。要するに産業のリソースを弱い企業から強い企業、伸びる企業に移すことによって生産性を上げるということを実行しているんです。

村上　はっきり言って、安倍政権では、それはまずできないことだろうね。結局そこは痛みも出るし、いろいろ利害の難しいところもある。安倍さんがそこまでリスクを冒すはずがない。政治的には何の意味もないと思っているんじゃないかな。

古賀　政府も企業も、まずそれを恐れないということですね。企業が淘汰されることを恐れないというのが一つと、それからたとえば最低賃金もそうだし、残業時間の規制もそうだけれど、そっちのピン止めをしっかりやって、企業や経営者を追い込んでいくことです。

村上　そんな胆力のある経営者がいるのかね、今の日本に。

古賀　そうなんです。結局何が最大の問題かというと、日本は経営者に人材を欠いているということです。要は、一生懸命政府にお願いをして、賃金を下げられるように制度を変えてくださいとか、円安にしてくださいということしか言えないわけでしょう。

村上　なるほど。それじゃダメなんだね。アメリカに目をやれば、グーグルとかアップル、アマゾンやらテスラと、あらゆる分野で突出した企業が出てきているね。

古賀　そうですね。高い賃金を払うし、儲けも巨大な新しい企業がどんどん出てきています。時価総額で見ても、上位はどんどん新しい企業に変わっていく。それなのに日本は変わらない。だから、それができない経営者は退場ですよと釘をさす。カギは働き方改革じゃなくて、要は経営者の改革をやらないとだめなのです。そりゃ厳しいですよ、淘汰というのは企業が潰れるんですから。

労働力移動の政策が重要だ

古賀　企業が潰れて人は新しいところに移る。幸い今は人手不足ですから、人材の移動はやりやすい環境にあります。そこで大事なことは、一人ひとりの職業訓練です。土建屋さんが潰れても、新しいシェアリングエコノミーの会社やインターネット通販の会社に労働者がすぐ移れるかというと移れないわけですから、労働力移動の政策をしっかりやらないといけない。

それも、いまやっているような、職業訓練をすれば、結果の良し悪しにかかわらず補助金を出すでは困ります。職業訓練して、さらによりよい仕事に移ったら補助金が出ますよという仕組みに変える。しかも、そこでも訓練と職業紹介をする企業を競争させて淘汰していくという世界をつくる。だから産業構造の転換、企業の淘汰、プラス人材の再教育と移動、それにお金を掛けるということです。それから競争を自由化することも大切です。

村上 職業訓練への補助は、竹中平蔵氏が小泉内閣でやったことで、あまりうまくいかなかったんじゃないですか?

古賀 それで何が起きたかと言うと、不正です。やってもいない教育をやったことにして補助金を詐取する。でも、あれはちゃんとした追跡調査をしなかったのです。厚労省の人間が、調査すると大変なことになるから調査しないと言っていました。あれはまったく成果が出ていないです。

なぜかと言えば、厚労省は、要するにハローワークを開放したくない。本当は職業訓練とハローワークをセットで開放しないとだめなんです。二つをバラバラでやるから、訓練したらいくらになるという世界になって、その結果労働者がどんな仕事でどれくらいよい給料をもらったかとか、どれくらいそれが長続きしたかとかに関係なくお金が垂れ流されている。訓練して転職はしたけど、給料が安くて、短期間で辞めちゃったみたいなことになっているんです。

だから、高校や大学の無償化にしても、職業訓練の成功補助金と同じような仕組みにしたらいいんじゃないかと僕は考えているんです。

村上 とにかく今は、「IoT」とか「AI」などに対応できる人材を大量につくらないといけないわけだ。

古賀 特にSE（システムエンジニア）が不足します。ちなみに日本のSEは、国際的に見るとすごくレベルが低い。アメリカやヨーロッパよりも落ちるんです。独創性がなくて、もうただひたすら徹夜してプログラムを書く世界。

村上 SEというより、キーパンチャーみたい。

古賀 そういうレベルになり下がっているから、それを飛躍的に上げないといけないんですが、SEは今でも全然足りないのでそこまで手が回らない。

そうすると、ほかから供給しないといけないんですが、新卒がどんどん減っているので新卒で賄うこともできない。あの進んだアメリカでさえ、これからIT技術者が不足するので、ほかの分野で働いている人たちを再教育してSEにしようとしています。

だから、僕は、SEの養成はある種特化したプログラムにしたほうがいいと思っていて、他分野の人間をSEに再教育して就職させる組織や企業に対して補助金を出すという仕組みにする。早くしないと、ますます海外に後れをとることになります。

村上　それは若者だけじゃなくて、いま働いている労働者にも当てはまるということだね。

古賀　そうです。なにしろ「AI」とか「IoT」の世界が進んでいくと、このままでは普通の労働者は生き残れないのです。だから、「リカレント教育（＊13）」と言いますが、職業教育とか、学び直しのための制度は今でもいろいろあることはあるんです。

だけど僕は、今のやり方は全然有効じゃないと思っています。結局、教育するとしても、ただ勉強しているだけでは困るので、勉強した後にそれを生かして働いてもらわないといけないわけです。日本の問題は、その教育と働くというところのブリッジが、うまくいっていないのです。

村上　確かに今の政策を見ていると、企業に対して職業教育したらいくらという補助金の出し方になっている。たとえばコンピューターを使いこなせるようになりましょうとか。でもそれが、本当に企業が欲しい教育になっているのかどうか。

古賀　だから、そこをブリッジする仕組みをちゃんとつくらないといけないと思うのです。たとえばハローワークは残してもいいんだけど、民間に開放して、競争させる。さっきも言いましたけど、補助金の出し方も、教育したらいくらじゃなくて、教育した結果どれだけ給料の高い企業に就職したか、あるいは独立してもかまわないが、いくら稼げるようになったか、それに応じて出す。いい成績が一年続いたら、ボーナスをプラスいくら、三年ならさらに大きなボーナスを出すとか。

村上　それは、どんな企業でもいいというわけにいかないね。

古賀　ですから、「指定制」のようなことになると思いますけど、なにしろ、競争させて淘汰していく。

たとえば、五十五歳の建設労働者が失業したとします。今はまだいいけど、将来も建設業で働くのは難しいから、介護業界に転職してもらいましょう。でも、介護職に就くためにはいろいろな資格をとらないといけない。そうなると、そんな年で、しかも建設業しか知らない人にはハードルが高い。

そこで、カテゴリー別でそういう人をうまく転職させたら補助金をたくさん出しますという仕組みをつくる。逆に二十五歳のシステムエンジニアの転職を手掛けても、補助金は少なくてもいい。そのように、本当に結果につながる仕組みをつくらないといけません。

しかも、それをかなり大々的にやらないと、今後、求人と求職のミスマッチで有効求人倍率だけはずっと上がっていくけれど、「それでいいんですか」ということです。

村上　その話でちょっと思い出したんだけど、大学の技術系の研究者に、防衛のための軍事研究だったら金を出すと言っているが、あれはとんでもないことです。もっと人材を供給しないといけない分野に一人でも多くの人材を育てることをしないといけない。そこに研究費を出す。それを、国を挙げてやる。

古賀　そうです。それでも結局、経済全体の仕組みが資本を持っている人が圧倒的に有利になるようになっているので、富の「分配」にも相当気を遣って、格差があまり拡大しないようにすることが重要です。

村上　富裕層に対する課税、応分の負担。それが貧しいところに行き渡って、しかもそれは単なる恵み、ほどこしじゃなくて教育につながる。それは子どもだけじゃなく、大人の再教育も含めた人材投資になる分配の仕方を、仕組みとして社会に埋め込むということです。

古賀　時間はかかります。でもそれしかないですね。てっとり早く、何か補助金を出すと夢のような大企業が育ちますという世界じゃありません。

もちろん農業の改革など、個別にはいろいろやらないといけないけど、やっぱり本質はそこだと思いますよ。教育を本当に実のある結果につながるものにしていく。産業革命のための新しい役所をつくるぐらいの意気込みがほしいですね。

村上　今の経産省じゃダメだと。

古賀　教育こそ、命綱ですからね。もちろんそれはITだけじゃなくて、たとえばこれからはデザインがすごく重要になるんですが、ただ結構それは難しい。要するに、独法とかにやらせるとダメなんです。「クールジャパン」がいい例です。

　ある若者がアメリカでベンチャーを立ち上げた。植物工場をつくるというのです。すると、農水省系のファンドとかが出資したいと言ってくるわけです。だけど、仕組みが複雑だし、話をしても時間がかかる。その若者がこう言いました。「こんなんじゃ全然乗らないほうがいいね。ああいうところに行くのは、要するに出来が悪くてほかで相手にしてもらえない人たちなんだ」と。だから、そういう独法系が嚙《か》んでもダメなんです。スピード感がまるでないし、本当の目利き能力もない。ここが、難しいところですね。

村上　補助金政策を根本的に考え直せということです。

古賀　ですから、事業そのものに補助金を出すよりは、たとえばそういうエンジェル投資を損金算入の対象にするとかしたほうがいいかもしれませんね。

村上　かなり思い切った施策をやらないといけないと。

古賀　一般の庶民から見ると、部分的には優秀な人だけを優遇しているじゃないかみたいな批判が出たりするかもしれませんが、でもそれは思い切ってやらないといけない。だって安倍政権はやろうと思えば何でもできるわけですよ、はっきり言って。

村上　古賀さん、これからちょっと節をまげて政権に入って、おれにやらせろと言ってみたらどう（笑）。

古賀　僕は別にどこの政党ということはないので、安倍政権だろうが、共産党の政権だろうが、やるべきことをやるためなら協力しますよ。でも、本当に日本を改革をするためには、軍拡競争になんか乗っちゃダメ。ましてや戦争なんか絶対にやっちゃだめなんです。北朝鮮と戦争になったら日本は即死ですからね。

村上　もし日本が本当に巻き込まれて、さあ戦争をするんだとなった途端に、お金も足りなくなる。戦費調達のため、国債増発ということにならざるを得ない。

古賀　戦費調達国債など出した日には、もう世界中から相手にされなくなるし、日本の投資家も、「これはやばい」と、日本から逃げ出します。

村上　そうなれば、日本は本当に終わる。

＊12　ピケティ　トマ・ピケティ（Thomas Piketty、一九七一年生まれ）。フランスの経済学者。二〇〇二年にフランス最優秀若手経済学者賞を受賞。パリ経済学校（École d'économie de Paris,

EEP）設立の中心人物で、現在はその教授を務める。社会科学高等研究院（ＥＨＥＳＳ）の研究代表者。著書『21世紀の資本』（二〇一四年）はベストセラーとなった

＊13 **リカレント教育** 社会に出てからも学校や他の教育施設などで学び、生涯にわたって学習を続ける教育のシステムで、日本では夜間大学などに当たる。経済協力開発機構（ＯＥＣＤ）が一九七〇年代に提唱し、世界に普及した。回帰教育、循環教育などと訳される。

私たちの提言

村上：❶頓挫した「アベノミクス」を早急にやめて、財政再建・金融緩和の出口戦略を考え、税と社会保障の一体改革にとりかかる。

❷大人の再教育も含めた人材投資を官民挙げて実行する。

古賀：❶企業の構造転換を今後5～7年程度で実現する（企業の淘汰も含む）。

❷企業向け補助金の大半を廃止し、人材育成に集中する。

❸労働分配率を上げる。

❹最低賃金を2023年ごろまでに平均1500円に引き上げ。

❺労働基準法違反の罰則を大幅に厳格化。十分な対策を講じたことを証明できない経営者は有罪とする。

❻農協に地域を超えた競争を導入し、農協系団体による補助金独占を撤廃。農協の員外向け金融・保険事業の廃止。

❼すべての原発の再稼働を認めない。

❽カジノを未来永劫にわたって認めない。

第6章

憲法改正をなぜ急ぐ?
外交と安全保障をめぐる
誤ちを糾す

戦後レジームにしがみつく安倍政権

村上　北朝鮮問題が風雲急を告げています。トランプ大統領べったりの安倍政権の方針に対して国民の間でも議論百出ですが、私が気になるのは、日本では安全保障と防衛の概念が同じような意味にとられていることです。

安全保障の要諦は「敵を減らして味方をふやす」ことです。安倍さんのように、敵ばかりをふやしたら、いくら防衛予算をふやしても追いつきません。

日中、日韓、日台、日露と、どれもうまくいっていない。日ロ外交では、経済援助をとられるだけで、北方領土の見通しも明るくない。

そこにいくと、ＥＵの安全保障政策にはみならうべきものがあります。つまり、ＥＵができてから、ロシアから左側では戦争がないという前提が成り立っているわけです。ヨーロッパの中では敵がいない。だから、それまで三十万人いたドイツの陸軍はもう七万人ぐらいしかいない。それで、兵力は充分だと。これが、安全保障なんです。

一方、防衛とはどういうことかというと、たとえばある国と交戦しようとしたときに相手方の陸海空の軍事力はこれくらい装備されている。そうすると、たとえば日本がアメリ

図4　安全保障と防衛の違い

安全保障と防衛		
安全保障 ●要諦は、敵を減らし、味方をふやすことにある	重なり合う所はかなりあるが、根本的に違う	**防衛** ●相手国の陸海空軍の戦力を分析し、わが国がどのくらいの陸海空軍の戦力を保持すべきかを考える

exp①防衛費　日本：594億ドル　　NATOでは：2602億ドル
日本は同盟を結んで抑止力を持つしかない

exp②冷戦後、ヨーロッパはかなり軍縮
（ドイツ陸軍：30数万人→7万人）陸上自衛隊の2分の1
EUをつくったからヨーロッパでは戦争が起こらない

⬇

安全保障究極の姿　敵を減らす外交戦略

カと一緒になってその国と交戦する場合に、日本はどれだけの陸海空の軍事力が必要であるかを見積ることが防衛なのです。ところが、今の日本の場合は防衛と安全保障が同じように考えられていて、きちっと整理されていないために、防衛費はふえる一方です。

古賀　やはり日本は冷戦終結後のパラダイムシフトに対応できていないのです。冷戦が終わったところで一回、安全保障と防衛を考え直さないといけなかった。日本はそれをやっていないのです。冷戦時と同じ発想で、中国は仮想敵国であり、北朝鮮とも対決するという構造を温存し、しかもその基本構造が戦後レジームのままなのです。安倍さんは戦後レジームからの脱却と言っていますが、やっていることはその逆で、戦後レジームにしがみついています。

村上　日中、日韓については、それぞれ南京事件や慰安婦問題を抱えています。私は村上水軍（＊14）の末裔で、元寇の役（＊15）で先祖が多大な犠牲を払いました。怨みはあります。しかし、それをいつまでも言っていたら、日中、日韓の関係はどうにもならない。

だから、今の中韓に対して言わなければいけないことは言うけれども、殴ったほうは忘れるけど、殴られた方はいつまでも覚えているわけです。そこをどう大人になって、相手の気持ちを尊重しながら、解決に努力するかが外交なのです。

だから、慰安婦問題でも南京事件でも、そんな事実はなかった、向こうが言っていることとは違うと否定していれば、それは確かに日本の一部の勢力の代弁はするけれども、それでは一向に展望が開けないわけです。

それからやはり心配なのは、アメリカです。トランプ大統領は尋常ではない。保護貿易主義を中国に逆に非難されたり、ユネスコを脱退すると言い出したり、エルサレムをイスラエルの首都として認めると言ったり、大統領就任間もない時期にパリ条約（＊16）から脱退しました。

こうやってアメリカがどんどんモンロー主義に入って、世界の表舞台から退いていくと、逆に中国がアメリカにとって代わって進出するわけです。それに対して安倍さんは、このままで、トランプ大統領に対して何も提言できないのでしょうか。

古賀　戦後レジームとは何かというと、要するにアメリカ中心主義です。世界の安全保障はアメリカを中心に、戦争に勝った五つの国が国連の常任理事国となり、安全保障理事会で拒否権を持つという二重の特権を持って、これからも世界を仕切りますよということです。

村上　いわゆる「ヤルタ・ポツダム体制」だね。第二次世界大戦後の世界の支配秩序、それが戦後レジームです。

古賀　それが戦後の大前提だったのですが、実際には、もはやそれがほとんど機能しなくなっています。いま世界はどう動いているかというと、当然のことですが、すべての国が平等であるという流れになっている。G7はとっくに機能していないし、G20でもまだ足りないぐらいなのです。

村上　紛争が多発するイスラム世界の国々やアフリカ諸国の多くが参加する新しい枠組みが必要でしょう。

古賀　もう一つの戦後レジームの象徴は、核拡散防止条約（NPT）です。これも、ある意味すごく変な話です。要するに、五大国だけは核を持ってもよくて、ほかの国はダメという。誰がどう考えても平等じゃないわけです。

二〇一七年七月の国連総会で採択された核兵器禁止条約は、その意味で象徴的な出来事で、世界のすべての国で仕切っていきましょう、アメリカが反対しても条約を決めますよということを初めて示したわけです。

唯一の被爆国という立場からも、日本はその方向に舵を切ったほうがいいと思います。

村上　同感です。

北朝鮮クライシス

古賀　皆さんは忘れているかもしれませんが、実は北朝鮮も最初は、核兵器禁止交渉に参加しようという雰囲気を出していたんです。

たとえば、二〇一六年十月に核兵器禁止条約の制定交渉開始の決議で賛成に回ったことは、日本ではほとんど報じられていません。このとき、金正恩委員長は「世界の非核化を実現するために努力する」と言ったのです。だけどトランプが出てきて、北朝鮮をやっつけろとやり始めたものだから、途中で協議から抜けたのです。北朝鮮の理屈は、アメリカがやるから、対抗上おれたちもやるんだというものです。

ですから、日本も核兵器禁止条約に参加して、北朝鮮に呼び掛ければいいんです。日本は今までと違うというスタンスをとる。アメリカの核も全部なくそうという交渉を始めるから、北朝鮮も一緒に交渉に入ってよというような話にもっていかないといけません。

村上　今の仕組みでいく限り、北朝鮮は絶対、核兵器の開発をやめないね。

古賀　いま日本のマスコミが絶対政府に聞かないことがあります。「テーブルの上に全ての選択肢がある」というトランプを安倍さんは評価すると言っています。ということは、アメリカの先制攻撃だってあるんですよね？　これをマスコミは聞かない。もし戦争になったとき、日本でどれぐらいの被害が出るのか、何万人死ぬんですかと聞いた日本のマスコミはありません。絶対、この問題から逃げています。

村上　アメリカでもいくつかシミュレーションが出ています。国防総省も、議会の調査局に報告書を提出している。日本政府はそれについてはまったく触れない。

古賀　アメリカの報道ですと、核兵器を使わなくても、最初の数日で最低でも三万人が死亡する。核兵器を使えば、最大三八〇万人。そういう数字が出ているのに、マスコミはそれを政府に質さない。

それで私は旧知の東京新聞の望月衣塑子《いそこ》記者に、官邸の記者クラブの人はどうしてこのことを聞かないのと言ったのです。すると彼女は社会部なんですけど、官邸まで出かけて行って、十七年十一月六日の記者会見で菅官房長官にそれを聞いたんです。さすがだなあと思いました。だけど、菅長官は言を左右にして一切答えませんでした。

村上　政府もそのシミュレーションは絶対やっているはずです。やっているけど、それを言った途端に、だったらアメリカに絶対やめろと働きかけろという話になるから、口が裂けても言えないんです。

古賀　トランプ氏が東南アジアの首脳と会ったり電話会談した際に、「北朝鮮のミサイルが日本の上空を越えたとき、日本は何で迎撃しなかったんだ」と何人かの首脳に語っているんですね。しかも「日本は武士の国なのになんだ」と文句を言ったそうです。

これが何を意味するかというと、トランプ氏は日本に北朝鮮への攻撃をやらせたいのです。自分が批判されたくないからです。

日本がもし先に手を出してくれれば、アメリカのためじゃなく、日本を守る戦争になる。日本を守るための戦争だから、当然自衛隊が前に出るんでしょうねという話になる。だから、死ぬのは日本人が先ですよ。それと、戦費は全部日本が出すんでしょうね。武器を買うだけじゃ済まないですよと言ったことになる。

村上　トランプはそれを狙っている。

古賀　と思うんですね。そこにまんまと鴨ネギ状態で巻き込まれていくのが安倍政権なわけです。

村上　安倍さんはそこに気づいていない。

古賀　なぜだかわかりませんが、日本国民はすごく勘違いをしていて、北朝鮮に攻められるからアメリカが日本を守らなくちゃいけないと思っている。そうじゃないですよ。これは明らかにアメリカと北朝鮮の戦争です。

それを示すのがこの前のアメリカ議会の報告書です。この戦争をやると韓国と日本で甚大な被害が出る。だけど、その被害はアメリカが北朝鮮の核で狙われるリスクに比べれば小さいと、アメリカの本音が隠さずに書いてありました。

つまり、アメリカのリスクを避けるための戦争だからアメリカと北朝鮮の戦争になります。だから日本はそこに参加しない。関係ありません、これはアメリカの話ですと突っぱねればいい。異次元の脅威とか言っているけど、違います。要するに、アメリカにとっての異次元なのです。

考えてみると、ずっと前から日本は中国や北朝鮮の通常兵器に狙われているわけです。危機は今に始まったことじゃないのです。そういうことを、マスコミが政府に問いただしていかないといけない。そこで今回、野党がどれぐらい追及できるかですが、野党も覚悟がない。それは、つまるところ日米安保条約についてどう考えるかという話になり、立憲民主党でもそれを言えないんです。

村上　そこなのです。二大政党制ということで、野党が本当に政府の急所を突くような質問をしてくれるのではと期待されたのですが、案外だった。安保問題をいつの間にかファジーにしちゃったんです。昔の自民党対社会党だったら、はっきり論点も違うし、考え方も違うから、質問も鋭かったわけです。

論点をファジーにしちゃうと、結局、与野党ほぼ一緒になってしまいます。だから私は、二大政党制を夢見たことが愚かだったという気はしています。誰がいま、古賀さんのような質問をするの？　与党にも、野党にもいない。結局国民は、本当の急所を突いた質問を聞けない。

私を国会質問に立たせたら、私は徹底的にやりますよ。けれど、与党幹部は私を立たせない。私が質問をやったら、立ち往生するのがわかっているから。

古賀　なんとかならないんですか？　ぜひ村上さんに質問に立っていただきたいものです。

対北朝鮮政策の大転換を

村上　私は、今の北朝鮮リスクに対してどう対処するか、三つの方策を考えています。

一つ目は、圧力だけでは日本の安全保障に大きな危険を生じさせるから、今の安倍さんの圧力一辺倒をやめさせること。
二つ目は、日本が呼びかけて、アメリカに対してアメリカが先に武力行使をしないと言わせること。
三つ目は、もし戦争が起きたら、日米韓にどんな影響が出るのかをきちんと議論して、認識を正しく共有すること。
この三つの議論が、いま全然やられていない。

古賀　まったく同感です。

村上　朝鮮半島では北も南も核は使えないですよ。なぜならば、あそこで核を使ったら、放射能汚染で誰も住めなくなる。そしてアメリカは遠いから、まだ北朝鮮のミサイルは届かないと。そうすると、ミサイルが現実に届くのはどこかというと、沖縄か横須賀です。だから、アメリカが軍事的選択をして日本が最初に標的になるおそれがないかということなんです。それからもう一つは、北朝鮮の核の保有をアメリカが認めるんじゃないかという疑念。

古賀　何があっても、戦争はダメです。別に核じゃなくたって、ミサイルが一発でも二発でも飛んできちゃ困る。

村上　私がいちばん恐れているのは、挑発合戦。売り言葉に買い言葉で、偶発的な衝突の危険性が増す。そのときに、沸騰するだろう国内世論を抑えきれるのかと懸念しているのです。

古賀　アメリカは数十の選択肢を想定して、それに応じたシミュレーションをやっていると報じられました。同じことを日本の自衛隊もやっているはずです。何もしていなかったら、それこそ、おまえ、バカかと言われる。防衛官僚は、アメリカに何を言われるんだろうと一生懸命想定して、こういうことならできますという案をずっと考えているのです。

偶発的な事態が生じたとして、あ、これは「想定1」だということになると、安倍さんに上がってくるのは、「こういうことはできます」という案です。その段階では、できませんという案は上がってこない。それがとても心配です。

村上　それから、一つ大きな心配は、日本海側にたくさんある原発の原子炉に通常の砲弾が命中すれば、すべてが福島第一原発になるわけです。

それから、もう一つは、いま古賀さんが言ったように、核ミサイルが一発でも飛んできて、空中で爆発するとパルスが出て、日本中のコンピューターの機能が吹っ飛んで、経済活動がほとんどストップします。

ですから、今の戦争というのは勝者も敗者もないわけですから絶対にやってはいけないんです。それを、安倍さんや稲田元防衛相もそうだけど、いとも簡単に、日本の若者が国のために命を捨てるのは当たり前みたいなことを発言していますが、どのような意図で発言しているか私にはわかりません。どうしてそんな単純な発想になるのか、私にはわからない。

古賀　右翼の人たちが、左翼の平和主義は頭がお花畑と悪態をついていますが、安倍さんのほうがよっぽど頭がお花畑じゃないのという気がするんですよね。こんなことで、この先、どうして平和な日本をつくれるんですかということです。

村上　北朝鮮政策を一八〇度転換し、もう一度六カ国会議を招集して、地道で確実な平和外交に戻るべきです。それしかありません。

青天井の防衛費

古賀　トランプ大統領の日本訪問で日本は膨大な金額の武器を買わされました、F35-B戦闘機やイージス・アショアやトマホークミサイルなど爆買いが始まりましたし、護衛艦「いずも」を空母化するという計画も明らかになりました。こうなれば防衛費は事実上の青天井です。

村上　それは財源論からも言っても、大いに問題ありです。私の父は一次と二次の防衛計画をつくりましたが、防衛費は少なくて済むならそれに越したことないとよく言っておりました。それを、安倍さんは北朝鮮の脅威を煽《あお》りに煽って一挙に何百億円も武器購入に使おうとしています。

この前の「時事放談」で、対談した片山善博（元総務相）さんが言っていたんですが、社会保障費などは耳かきでほじるようにして削っていくと。遺跡を掘るときに刷毛で掃くように土を落としますね。あれぐらい徹底して他の予算は倹約するのに、こと防衛費になると、気前よく何百億円も使う。

古賀　トランプ大統領は二〇一九年会計年度の防衛費予算を約七十四兆円、議会に要求しました。これは二〇一一年度以降で最大の額だそうです。トランプさんがこれだけ国防費を使うとなったら、そのトランプに「日本も頑張ってね」と言われた安倍さんは、「わかりました。頑張ります！」と言うしかありません。トランプ頼みの安倍さんですから。これからも日本の防衛費は上がり続けるでしょうね。

村上　トランプのアメリカファーストというのは、結局、日本の黒字を減らしたいということでしょう。狙いは、牛肉や農産物を買わせることと、兵器を購入すること、そして軍事費の肩代わりです。

それに応えようとして安倍政権は、財政が非常に厳しいにもかかわず、あっという間に防衛費を何千億も積み上げていく。それは本当に正しいことなのかどうか。国会できちっとした議論を戦わせることが必要です。

古賀 でも安倍政権は国会論議を軽視して、大事なことはすべて閣議決定で済ませています。

村上 防衛費の増額もさることながら、いちばん問題なのは、日本は専守防衛が基本であるのに、敵地攻撃が可能な装備を入れようとしていることです。

イージス・アショアに搭載されるトマホークミサイルの飛距離は九〇〇キロメートル以上です。彼らは、たとえば離島を占領されたときに、現場近くに行かなくても敵を撃てるからいいじゃないかと言う。だけど、それは同時に北朝鮮の基地も叩けるということです。そういうおそれのある装備を導入すれば、向こうも「ああそうかと、日本はうちをやるつもりだな。じゃ、こっちもますます軍備を強化しないといけない」となる。そうして軍拡競争がどんどん進むのです。それが、日本の国防にまともに資することなのかと彼らに聞きたい。

古賀 いま村上さんの話を聞いて、ああ、よかったなと思ったのは、僕が講演で話したり、雑誌などに書いていることと、ほとんど認識が同じだったことです。

要するに、今までの日本はとにかく軍事費は少なければ少ないほどいいと思っていた。

そんなことより、とにかく国民を食わせることが優先、それが基本的な日本の国のかたちでした。

だから、別に世界で偉そうな顔をしなくてもいい。おまえらは町人国家だと蔑《さげす》まれてもいいいと納得していた。国民が豊かになるほうがいいということで、吉田茂元総理以降ずっと続けてきたその国のかたちを、いま安倍政権は根本的に変えようと動いているわけです。

防衛費はGDPの一％以内というタガはとっくにはずしてしまいましたし、それから、憲法九条の後ろに「九条の二」を創設して「自衛隊を保持する」と書こうとしています。実はこれ、軍事費拡大についての憲法的な根拠を与えるものなのです。

なぜかというと、戦力不保持を規定する九条二項を残して「九条の二」で戦力である自衛隊保持を書くのは、そのままでは矛盾してしまいます。そこで「九条の二」ではなんらかの限定をつけないといけないわけです。九条二項に戦力不保持と書いてあるのに、三項で自衛隊ならなにをやってもいいと書くわけにはいきませんからね。

村上　そこが、肝のところだね。

古賀　現在、自民党内で出されている案では、九条二項の例外として、「我が国の平和と独立を守り、国及び国民の安全を保つために必要な自衛の措置」であれば認めると書いてあります。そして、そのためには「自衛隊を保持する」と書くわけです。安倍さんは今までと何も変わらないと言っていますが、実は変わらないどころか、この条文によって憲法の平和主義は根底から覆ることになります。保持する軍に「国民の安全・財産を守るための」という修飾語がついています。

どういうことかと言うと、これまでは自衛隊を持たなくてもよかった。なるべく持たないほうがいいし、小さいほうがいいという了解だった。憲法に「軍」は持たないと書いてあるのですから。

村上　「保持する」と書くと、自衛隊を持つことが憲法上の要請になってしまうわけです。

古賀　非武装中立という選択は、これでなくなります。さらに、「国民の安全を保つため」という修飾語がつくと、国民を守ることができる軍隊を持たなければならないということになる。ならば、国民を守ることができる自衛隊とは何か、それは中国から攻められたときに戦える自衛隊でしょうとなる。そうすると、中国の軍隊が強くなれば強くなるほど、日本の自衛隊も強くならなければいけない。

村上　不毛な軍拡競争になる。

古賀　それが憲法的な義務ですとなるので、たとえば社会保障にお金が足りないとなっても、いや、中国がどんどん軍備増強しているので、憲法の要請によって軍事費はふやすしかありませんという世界に入るわけです。それが、「九条の二」加憲の実質的な効果なのです。

村上　どう考えても、要は自衛隊が米軍の指揮のもとに世界中で活躍できるようになりたい。そんな時代錯誤な軍事国家志向がすけて見えるね。

古賀　イージス・アショアとかトマホークミサイルの導入、「いずも」の空母化とくれば、これはもう、武器を使う範囲もどんどん広げていく方向性が明らかです。

村上　これはイージス・アショア一つを取り上げてどうこうとか、トマホークミサイル一つがどうのこうのではないですね。全体のシステムとして、敵に攻撃されたときに限って武力を使うという専守防衛の世界から抜け出て、これからは積極的に海外まで攻めていきますよととられかねない。

攻撃される前に外国の軍事基地を叩くという名目だけど、外国を攻撃する能力を持つということで、日本の防衛が質的に変わっていくということです。少なくとも、海外がそう見ることは間違いない。

中国は何を考えている？

古賀　そこで中国の動きですが、昨年冬にアメリカのティラーソン国務長官が「中国といろいろ話をしている」と言いました。あれは昨年夏から中国専門家の間で話されていたこととピッタリ符合しているのです。
中国専門家が何を話していたかというと、アメリカと中国でいまぎりぎりの調整をしていて、最悪の場合、アメリカが北朝鮮を攻めるのを中国は認めると。
そのとき中国が心配していることは二つある。アメリカが北朝鮮を抑えると、中国は直接、国境を旧西側の国と接することになり、これはとんでもない。やっぱり北朝鮮という国は緩衝地帯として残したいというのが一つ。もう一つは、中国に難民が押し寄せてくることです。この二つが、中国は不安なわけです。

村上　言われるとおりだと思うね。

古賀　それに対して、アメリカは、とにかく核兵器は押さえないといけないので、どうしても北朝鮮に入らないといけない。いったん入るけど、心配しないでいい。核兵器を押さえて金正恩の首さえとれば、撤収すると。そして、北朝鮮という国は残すからと。
そのときは、中国も北朝鮮に入ればいい、それも認める。そのかわり、中国はできれば国境沿いの北朝鮮側に難民キャンプをつくってくれと。そこを出て中国に向かうやつは撃ち殺せばいい。難民キャンプの待遇をよくすれば、そこで何とか難民の流入を止められるだろうと。

村上　果たして、そんなにうまくいくだろうか？　その場合でも、韓国の協力は必須だけど、アメリカと韓国との関係も、文在寅《ムン・ジェイン》大統領になって微妙だし。

古賀　中国専門家によれば、アメリカは中国に対してこんな話を持ち掛けているんじゃないかということです。

「状況が落ち着いて南へ兵を下げた後、北の脅威がなくなったことが確認されれば、あなた方が心配している韓国に設置したTHAADミサイル（終末高高度防衛ミサイル）は撤去すると。それから、在韓米軍も大幅に縮小しましょう。だから、北への侵攻をのんでくれないか。しかも、戦費は日本に持たせる。戦後の北朝鮮復興、これはすごく大変でイラクみたいになるかもしれないが、その費用も日本に持たせるから」

村上　確かにアメリカが中国に対して、そんなぎりぎりの話を持ち掛けているんじゃないかという話は、私も聞いたことがあります。その可能性はあるでしょう。

日本が世界へ発信すべきこと

古賀　ですから、安倍さんは自分が世界をリードしているつもりかもしれないけど、完全にアメリカの手のひらで踊らされているだけでしょう。

さきほど村上さんが北朝鮮危機について三つのことを考えているとおっしゃいましたが、僕もツイッターで同じような考えを発信したんですけど、すごい反応で、リツイートが何千ときました。

とにかく、僕が昨年の夏から言っていることですけど、今すぐ全世界に対して日本政府は発信することです。つまり、日本は絶対に自分から北朝鮮を攻撃することはない。それから、アメリカと一緒に攻めたりすることもない。アメリカが北朝鮮を一方的に攻撃するときに、日本の基地を使わせることもしませんと。

村上　基地を使わせないと言ったら、トランプは怒るだろうね。安倍さんにそれができるとは思わないけど。

古賀　トランプは絶対に怒ると思いますけど、でもトルコはシリア空爆のときにアメリカの基地使用をとめたんです。トルコはＮＡＴＯに加盟しており、アメリカの同盟国ですが、自国内のアメリカの空軍基地を一年間使わせなかった。

村上　あのときはオバマ大統領が激怒して、トルコとの関係が大変険悪になったけど、それでもトルコは基地使用を認めなかった。そのときのエルドアン大統領の言い分は、それを認めたらＩＳＩＳに攻撃される。自分の国民を守ることのほうが先だと。

古賀　フィリピンのドゥテルテ大統領は、南シナ海の問題で中国に対して弱腰じゃないかという国民の批判に対して、ピシッと言い切りました。「おまえら、じゃ、本当に中国と戦争する気か。それだけは絶対だめだ。弱腰でも何でもいいんだ。オレは絶対、中国なんかと戦争しない。それがいちばん大事だ」と。

やっぱり一国の指導者としていちばん重要なことは、これ菅原文太さんが亡くなる直前に沖縄で語っていたことですけど、それは二つあって、一つはとにかく国民を食べさせること、もう一つは、絶対戦争に巻き込まないこと。この二つが、政府のいちばん大事な役割だと。安倍さんはそれを真剣に考えているのかなと思いますね。

村上　安倍さんは、パワーポリティクスをテレビゲーム感覚でやっているような気がします。危ない。今の近代戦争というのは勝者も敗者もないんです。始まったら甚大な犠牲者が出ます。

実は、北朝鮮の金一族体制を終わらせること自体はそんな難しいことではないかもしれません。他国は、その後のことを考えているんです。何が大変かというと、北朝鮮の総人口二四〇〇万人のうち一二〇〇万人が武器を使えます。その中には「スーパーK」という偽札づくりの専門家もいるし、もっと恐ろしいのは、麻薬とか覚醒剤をつくることができる人がいるようです。北朝鮮の体制を壊すだけでは、世界中にテロの危険性をばらまくことになる。これが恐い。

古賀　確かに。

村上　戦後、北朝鮮のかたちをどうするかを考えたときに、いろいろ考え方はありますが、一つは香港のような一国二制度。それからもう一つ考えているのは、脱北者を再教育して北朝鮮出身の人々に金一族体制の後の政治をまかせることです。

そして、中国が考えているのは、ここまできたら金一族の体制を終わらせ、中国自身が直接統治するつもりかもしれない。

古賀　中国による北朝鮮直接統治を、韓国とアメリカ、そしてロシアがのむでしょうか。なかなか難しい気がします。

安倍外交で日本の安全保障は揺らぐ

村上　いったん戦争に入ったら、どんなに大変なことになって、その後の始末にはいくらかかるのか。いま自民党や維新の会の中にはアメリカによる武力行使を支持する議員がかなりいるようですが、いったい彼らはそういう後先を考えているのか、ということですよ。

古賀　考えていないでしょう。単純に先制攻撃で北朝鮮を叩けると思っている。

村上　欧米では戦争を始める前に、勝った場合と負けた場合を想定し、負けたらどれだけ損害賠償を払わなければならないのか、そのようなこともすべて想定してやっています。当たり前です。しかし、日露戦争以降の日本のリーダーはいろんなケースを想定しないで、安全保障や国防を考えているような気がします。

ドイツやフランスがアメリカと距離を置いているのに、日本はあまりにもトランプ大統領と一心同体になろうとしています。

古賀　村上さんの言う「敵を減らして味方をふやす」という安全保障の外交がないのです。アメリカがいて、第二のジャイアンの中国が出てきて、両方とうまくやりながら生き抜いていかないといけないのに、安倍さんの外交にはその危機感がない。

ドイツなんかは、そこは徹底しています。中国の習近平といかに仲良くなるか。メルケル首相は必死に付き合ってきました。ドイツ自動車産業の生き残りのために、電話で習金平主席に直談判して規制強化を一年遅らせてもらったり、なりふり構わず、うまくつき合おうとしている。

村上　中国の厳しい電気自動車規制の中で、いかにしてドイツに有利に交渉を進めるか。傍から見ても一所懸命だった。

古賀　ところが、日本は中国を単純に敵視してきた。中国の今後の電気自動車政策でも日本がつまはじきにされるおそれがあって、大変な被害をこうむる可能性もあります。安倍さんはそういうことは何も考えていないようです。

村上　慰安婦問題にしても南京事件にしても、日本人にとって韓国や中国のあのような態度は心地よくないです。だけど、たとえばあの慰安婦像の件にしても、日本政府があんなふうに対応すれば、相手方もますますいろんな所に慰安婦像を建てるわけです。何でそんなことがわからないのかな。

古賀　あまりにも発想が幼児的ですね。こちらが騒ぐから、ますます世界の話題になる。

村上　また、周りに、それを諌める者が一人もいない。

古賀　つまり、子どものけんかの発想で外交をやっていて、それに巻き込まれる国民はたまったものじゃない。

村上　私がいつも思い出すのが、ドイツ帝国の宰相ビスマルクが偉かったのは、オーストリア戦に勝利したときドイツ軍の勝利行進をウイーンでさせなかったことです。当時は相手国の首都に入ったときは勝利行進をするのはふつうのことでした。

なぜ止めたかというと、その後に普仏戦争があることを想定して、オーストリアにこれ以上敵愾心を持たせると、フランス一国でも大変なのにオーストリアまで敵にしたら勝利が覚束ないと考えたからです。そのビスマルクの読みどおり、オーストリアがフランスに加担しなかったことでドイツは普仏戦争に勝利しました。

このようにデリケートさというか、先を考えるということが大切なので、どうも最近の総理や外務大臣、財務大臣は深謀遠慮が足りないような気がします。

古賀　東南アジアの国々が、中国とぎりぎりのところでいろいろ工夫しながらやっているのを見ていると、あれが外交だなと思いますよね。

村上　つまり、私は中国を恐れているわけでもないけれど、あの国とけんかしたり、交渉するときには、自分たちの能力と利害得失をしっかり考えなければならないということです。

安倍外交が国を滅ぼさないことを祈るばかりです。

＊14　村上水軍　室町・戦国時代に活躍した瀬戸内海の水軍（海賊衆）。南北朝時代より瀬戸内海の制海権を握り、海賊的行為のほか、普段は豊富な海上輸送の通行料をとる警固衆として活動した。一族は伊予の能島《のしま》、来島《くるしま》、備後の因島を拠点とする三家に分かれる。織田信長の誇る鉄製軍艦海軍を破ったことでも知られる。村上誠一郎氏は能島村上家の末裔。

＊15　元寇の役　元寇とは、日本の鎌倉時代中期に、中国大陸を支配していたモンゴル帝国（通称・元あるいは大蒙古王国）と高麗軍によって二度にわたり行われた日本侵攻事変。一度目を文永の役（一二七四年）、二度目を弘安の役（一二八一年）という。

＊16 **パリ条約（パリ協定）** 二〇一五年十二月パリで開催されたCOP21（気候変動に関する国際連合枠組み条約第二十一回締約国会議）で採択された地球温暖化対策の国際的枠組みを定めた協定。二〇一六年十一月発効。先進国、発展途上国を問わず、すべての国が地球温暖化対策に参加し、世界の平均気温の上昇を産業革命前の2℃未満（努力目標1・5℃）に抑え、二一世紀後半には温室効果ガスの排出を実質ゼロにすることを目標とした。

私たちの提言

村上：❶安全保障とは敵を減らし、味方をふやすことである。

❷本当の「戦後レジームからの脱却」をめざす。沖縄基地問題と日米地位協定の改正に取り組む。

❸米国一辺倒の安倍流外交を終わらせ、対中・対ロシア・対朝鮮半島外交を一新する。

古賀：❶沖縄の辺野古基地建設を白紙に戻し、高江のヘリパッドを廃止する。

❷武器輸出三原則を完全復活させる。

❸集団的自衛権の行使、憲法九条、基本的人権に関する条項の改正（ただし人権拡大のための加憲は除く）を認めない。

❹憲法に「緊急事態条項」を書き込むことを将来的にも認めない。

❺日米地位協定の抜本的見直しをアメリカに提案し、反対されても諦めずに協議を呼び掛ける。

第7章

日本を危うくする安倍政治に訣別を

安倍政治は全体主義か？

村上　私の地元の支持者は辛らつでね、安倍さんのやっていることは大学の同好会政治だと言っていますよ。同じ意見の者を集めてお山の大将になっていると。

古賀　それもありますが、人間の本分というか、政治家の最低限の倫理として、やっちゃいけないことがあるんです。それを臆面もなくやってしまうんですね。

村上　それと、自民党内の心ある人たちが眉をひそめているのは、やっぱり人事ですね。安倍さんの周りにはイエスマンか極端な右寄りの政治家、お友達、そして前にも申し上げたけれど総理閨閥、この四つしかいない。

古賀　実は自民党内でもかなりバカにされているような政治家が、たくさん登用されていて、「安倍政権は自民党のゴミためだ」という人もいるぐらいだと聞きました。

村上　安倍さんの周りには、まともなことを教える方がほとんどいないんじゃないかな。だから、裸の王様になってしまった。だけど後で振り返ると、安倍政権の数年間は大変な時期であったということになると思います。

古賀　歴史に名を残しますね、逆の意味で。

村上　だから、それをどのように国民に理解してもらい、安倍さんには武士《もののふ》として退いてもらうか、なのですよ。
　ある政治評論家が言っていました。安倍さんの政治はほとんど全体主義だと。人事を握って、官僚や政治家を黙らせて、逆らう者は登用しない。だから、戦前の大政翼賛会のような政治をやっていると。

古賀　同感です。

村上　それで、もう一つ古賀さんに聞きたかったことがあるんです。簡単に言うと、安倍政治の振り付けは誰がやっているのかということです。

　私が不思議に思ったのは、ある日突然、「特定秘密保護法」が出てくるんです。「特定秘密保護法」というのは、つまるところ昔の「スパイ防止法」です。私が代議士一年生のころに、中曽根内閣でスパイ防止法案が上程され、廃案になったんです。それがまたぞろ出てきた。

　次に、公務員法の改正が出てきました。これでマスコミと公務員は正論も本音も言えなくなってしまいました。その後に例の「安保法制」、集団的自衛権の行使容認が出てきて、最後に「共謀罪」が出てきたわけです。

　いったい誰が、この一連のスケジュールを書いたかということなんです。

古賀　僕にはよくわからないですけど、確かなことは、それぞれ、やりたいと思っている組織や人がいるということです。集団的自衛権だったら外務省がやりたいんだろうし、特定秘密保護法は基本的に外務省も防衛省も、あるいは見方を変えれば、ほぼすべての官庁も実はやりたいんです。

村上　絶対、スケジュールを書いている人がいるね。

内調（内閣情報調査室）につながる思想統制班みたいなのがあって、こういう形で出したらみんな反対できないだろうと策を練って、官邸に上げる。そういう組織なり、人物がいるんじゃないかと疑ぐらざるをえない。

たとえば公務員法の改正の理由として、ここは古賀さんと意見が分かれるところだけど、官僚主導から政治主導に変えるというよりは官僚主導から政治支配にしたのではないかと思うのです。今やもう財務省は崩壊寸前だし、とても官僚にそんな力はありません。

それで公務員法を通したでしょう。そうすると、マスコミと公務員はもうシャットアウトです。もう一つ、野田毅さんを党の税調会長からはずした。さっき古賀さんが言ったように、見せしめにしたわけです。そうして見計らったように集団的自衛権を出す。それで最後は共謀罪。きちんと答弁できない法務大臣を起用して、無理やり通す。

古賀　金田勝年法務大臣の起用は僕にも理解できないですね。わざと無能な人をひっぱってきたという見方もありますが。

村上　つまり、こんなおかしなことを安倍さん一人で企画できるわけがない。古賀さんのように鋭い知恵袋が後ろにいなければできないと思う。

共謀罪だって私は不思議でしょうがない。ご存知のように犯罪というのは、構成要件に該当する有責な行為、つまり実行犯を前提にしているのに、未犯の思想犯まで突っ込んでいくというのが、私にはわからない。

もともとあれはパレルモ条約（＊17）、そもそもマフィア対策としてつくられたものです。これがいつの間にか、特定秘密保護法がないと外国から情報をもらえないとか、共謀罪が通らないとオリンピックを開催できないとか、全然根拠にならないことを立法根拠にしている。いったい誰があんなスケジュールを考えたのか？

古賀　安倍さんのやりたいことは、憲法改正もあるけど、要は、自分は偉い、世界の中でも認められているんですよということを、みんなに見せたいという強い思いがあると思います。そのやり方として、日米同盟でアメリカと並ぶとまでは言わないけど、アメリカにいちばん信頼される列強のリーダーになりたい。それが安倍さんの夢だと思うんです。

その夢を実現するために、オレはこれやりたい、こんなやつはけしからんから潰したいとか、いろんな思いがあるのを、周りが全部利用しているんです。安倍さんの思いを利用して周りがやっている感じがします。

村上 そのとおりで、それで自分たちのポストを得ている。

古賀 だから、すべてを操る振付師がいるのか、そこはよくわかりませんね。周りにいる側近たちの合作なのかもしれません。

村上 公務員法の改正と特定秘密保護法、この最初の二つを誰が考えたか。これをセットで出してきたからね。

古賀 公務員制度改革は、原案を二〇〇九年につくっているんです。そのとき、公務員制度改革の事務局に僕がいました。自民党政権から民主党政権に移行するときです。改正案が承認されたのは自民党政権の二〇〇九年ですが、民主党政権の間、それは封印されて、安倍さんが官邸に戻ってきて国会を通したんです。

それから、第一次安倍内閣のときに教育基本法の改正もやっています。だから、第一次安倍内閣のときから、いろいろ国民を縛るような政策の芽が出ているのです。

村上 ただ、たとえば公務員法の改正を自民党の誰がやったかというと、稲田朋美さんと望月義夫さんです。でも、彼ら二人だけでやったとは思えない。後ろに、頭脳がいますよ。

古賀 しかも、最初につくった案からメチャメチャ骨抜きになっています。要するに、最初の案には、たとえば幹部にもっと民間人を入れるとかのアイデアがあった。

幹部に民間人がたくさん入っていれば、官僚たちはそんなにおかしなことはできないし、民間から来る人は能力が高くて、政治家から圧力がかかっても、「だったら辞めますよ、民間に戻ったほうが給料上がるし」ということになるから、政治家も変なことはできない。この他にも官僚が嫌がるようなことをずいぶん入れたのですが、そういうのは全部外されていました。

村上　実際、そのあたりの議論はありましたが、官僚をやっつけるのは正しい、官僚に発言させせないで、政治家がやりたいようにやるのが正義だという形で押し通したんです。ほとんどの国会議員は、その問題の核心をわからないまま賛成した。

古賀　それも、安倍流政治です。

村上　わけのわからない情緒的なスローガンを連発するのも安倍流だね。それに対して、昔はやっぱり官僚のOBもいたし、まともな政治家もいたから結構抵抗したのですが、最近はそういう気骨のある人はすっかりいなくなりましたね。

政治の私物化。森友・加計学園問題

村上　それでは、今回の森友学園と加計学園問題に話を移しましょう。先に私の地元である今治市が舞台になっている加計問題からでいいですか？

古賀　どうぞ、どうぞ。

村上　今治市は私の地元です。今治市は一般会計で一〇〇〇億円近い借金があります。「第二の夕張市」にもなりかねない困窮自治体なのに、安倍さんの腹心の友にどうして一〇〇億円近い金を出さなくてはならないのか。

安倍さんは心の友と普段から食事やゴルフを共にしている。これでは、李下に冠を正していると言われても仕方がない。

古賀　庶民の直観ですね。

村上　前の文科省事務次官の前川喜平さんの話では、今回の文科省の大学制度審議会でもほとんど反対意見が多かったらしい。たとえば教授陣の人数。北海道大学は学生数より教授数のほうが多いのに比べ、加計学園は予定学生数が一四〇人で教授陣が八十人しかいないのです。

古賀　最初の計画では七十人だったようですね。

村上　それで、北大の教授が言うには、今治の加計の獣医学科の先生たちは、たぶん夜寝る暇もないでしょうと。それからもっとひどいのは、ほかの獣医学部はどこも広大な牧場を持っているのですが、加計の獣医学科は牧場の計画は何もないんです。

そもそも、獣医系学生が一〇〇人くらい来ても、学校にいるわけですから地元への経済効果はほとんどありません。無理して開学しても、将来のいろんな負担が出てきたときに負担をするのは今治市です。

古賀　追及する野党やマスコミのふがいなさも問題ですが、元検事が、これが犯罪じゃなくて何だろうと言っていました。証拠さえなければ何でもできるのかと。

村上　前川さんが一連の行政文書を「間違いなくあった」と認めたのに、菅官房長官は記者会見で「怪文書だ」と否定しました。

さらに、読売新聞が前川さんの出会い系バー通いを報じると、菅さんは「強い異和感を覚える」と前川さんを意図的に貶《おとし》めた。自民党の歴代執行部がここまでやることはありませんでした。

古賀　思うに、やっぱり安倍さんの時代になってから、倫理と刑法が同じレベルになったんです。要するに、刑法違反の証明ができなければ何をやってもいいと。

村上　もう一つは、選挙で勝てば何でもできるようになったこと。ふつう政治家には、大臣とか総理もそうだけど、自分の職務権限があるのです。職務権限に関することは、たとえば私が学生時代の親友に頼まれても、逆に断らなければならないのです。一般論として、権力は自制しなければなりません。

日本は恥を知る文化なんです。本来政治家はそういう嫌疑をかけられただけでも恥ずかしいことです。

古賀　安倍さんや取り巻きは、これで文科省や獣医師会の岩盤規制を打ち砕いたんだと主張していますね。これこそ、盗人猛々しいというものです。本来は加計学園のために規制緩和するのではなく、全国の獣医学教育をどうするのかという視点で改革の議論をすべきなのに、それを逃げていたのが安倍政権だった。それなのに、批判されたら、慌てて俺たちは「改革派」だと偽って、これから日本全国にバンバン獣医学科をつくるとか言い出しました。

村上　あの安倍さんの発言を聞いて、獣医師会の幹部が、支離滅裂だと言っていました。

古賀　だから、安倍総理は、いわば刑事被告人の権利を主張しているんですよ。証拠がなければ無罪。何をしてもいい。

村上　そこで、森友問題ですが、この問題の原点は、同学園前理事長の籠池泰典氏がつくろうとした森友学園の小学校に、当初「安倍晋三記念小学校」と命名されていたことであり、その名誉校長に安倍総理の妻である安倍昭恵さんが就任していたことです。

古賀　そうですね。そこがスタートです。ただ、その前に、大阪府が小学校設立を不自然な形で承認するために、いろいろと便宜を図ったことにも注目しなければなりません。このとき、松井一郎大阪府知事や「大阪維新の会」がどんな役割を果たしたのか。詳しい説明がなされていません。そして、ここにも、安倍総理夫妻の影が感じられます。

村上　昭恵夫人は名誉校長を一人で判断し引き受けたのだろうか。普通の家庭なら、奥さんが名誉校長を引き受けるときは、家族に相談するのではないでしょうか。疑問に感じるのは私だけではないでしょう。

籠池泰典氏が、昭恵夫人から「安倍からです」と一〇〇万円を渡されたと国会の証人喚問の場で証言しました。証人喚問で虚偽答弁をすれば訴追される危険性がある。当然、弁護士と事前に十分な相談したうえでの覚悟の発言ですから、これは重大な証言です。昭恵夫人に真偽を確認する必要があるでしょう。

古賀　そして二〇一八年三月二日、朝日新聞によって、財務省による決裁文書の改ざんが明らかになりました。決裁文書を改ざんしてまで隠さなければならないことがあったということですから、疑惑は一気に深まりました。

村上　国有地の払い下げに際して、なぜ、八億円もの値引きが行われたのか。なぜ、財務省の決裁文書の改ざんが行われたのか。財務省または佐川前理財局長は何を隠そうとしたのか。

ここで誰しも不審に思うのは、安倍総理夫妻の存在が官僚の忖度を招き、破格の値引きにつながったのではないかということです。

古賀　昭恵夫人の関与の詳細はいまだにわかりません。明らかになっていることの一つに、昭恵夫人の秘書と財務省の室長が森友学園への土地売買について詳細なやり取りをしていることがあります。

しかし、昭恵夫人の秘書は経産省出身のノンキャリアの課長補佐クラスです。一方、財務省で懇切丁寧に応対したのは、財務省のキャリアの管理職です。官僚であれば、このランク格差のある者同士で連絡調整をすることはありえないとすぐにわかります。一〇〇人に聞けば一〇〇人が、昭恵夫人案件だからそれが可能だったと言うでしょうね。

これだけで、安倍政権の構造的問題ははっきりしているといえます。これは、十七年春にははっきりしていたことです。

村上　そうですね。事実を闇に葬り去ろうとする政権の責任は極めて重いと思います。改ざんは、よほどの「圧力」や「忖度」なしでは、とうてい説明できない事柄です。

古賀　その後判明した佐川氏の文書改ざん事件の細かい経緯も、彼が証人喚問で「刑事訴追の恐れ」を理由として証言を拒否したため、やはりわかりません。

しかし、彼に土地の不当安値販売についての責任はありません。すべては前任者の仕業《しわざ》です。したがって、昭恵夫人の関与について、佐川氏は隠す必要はまったくなかった。しかし、彼は隠ぺいに加担しました。

村上　そこが、私にはいま一つわからないのです。彼は役所中の役所と言われる財務省で誇りをもって仕事をしてきたはずです。その誇りと伝統を根底から失墜させるような道をなぜ選んだのか。

古賀　元官僚としては、その心境は容易に想像できます。彼が、仮に正しい道を選んで、問題を明るみに出せば、国民に奉仕する勇気ある官僚として称賛されるでしょう。しかし、安倍政権ににらまれて、人事で勇退させられる。天下り先もないか、あっても惨めなポストになる。天下りせず再起しようとしても、おそらく安倍政権はそれを妨害し、生活の糧を奪うに違いない。家族のことも心配だったでしょう。

かくして、彼は、共犯者となる道を選んだのです。一度悪の道に手を染めた佐川氏にとっては、思い切り安倍政権にすり寄り、忠誠を尽くすしかなかった。その甲斐あって、国税庁長官に上り詰めましたが、その後、改ざんが発見され、ついに安倍政権に切られて、悪の権化であるかのような仕打ちを受けています。

村上　官邸と霞が関で信じられない行為が行われているのはたしかです。私はよくスーパーで買い物をするのですが、レジの女性が私に話しかけてくるんですよ。「今の政権はおかしい」ってね。

ですから、今回の森友問題では政治や行政に対する国民の不信が大変なことになっています。しかし政権は、財務省の文書改ざん問題として官僚に責任を押し付けようとしている。政治家が責任をとらなくていいのか。結局はシワ寄せが弱いところへ行ってしまう。自民党の議員は政治家として良心の呵責を感じなくていいのだろうかということです。

森友問題はこのままだと、結局、自民党や安倍さん、麻生さんが深く傷つくことになるでしょう。ここは潔く、これ以上政治や行政に対して国民の信頼を失わないために、大所高所から判断する時期にきたと先の自民党総務会で発言しました。一日も早く、武士《もののふ》として責任をとられることを望みます。国民と国会を軽視した政権が続いていいはずがありません。

古賀　私もまったく同感です。安倍総理は、何かあると、言葉の上では謝罪します。そして、今回は官僚に向かって、襟を正しましょうなどと言っていますが、安倍総理がそう言ったからといって、官僚たちがそれを真に受けるはずがありません。官僚たちの頭には、安倍総理がいる限り、自分たちは安倍総理の意向を忖度し、すり寄るしかないという考えが骨の髄までしみ込んでいます。この構造を変えるには、その大本である安倍総理という元凶を断つ、すなわち安倍総理辞任しか方法はないのです。

ところで、安倍政権によって引き起こされた数々の問題が、やりたい放題で誰も止められないものになっているのかというと、実はそうではないということも起きています。二〇一七年の都議選で自民党が大敗し、内閣支持率が大きく下がりました。暴政ともいえる強引で不透明な行政に対する国民の批判が表に現れたわけです。

このような事態になれば、安倍政権もこれまでのような行政の進め方はできなくなるという見方もできます。

村上　それこそ憲法が想定している事態です。国民の監視が十分な歯止めになれば、今の仕組みを変える必要はないという証明にもなった。

古賀　つまり、森友学園や加計学園（岡山理科大学獣医学部）の問題も、政治主導が問題なのではなく、決定した政策が適切だったか、その決定手続きや情報開示が公正だったか、そして、利権誘導になっていなかったかが問題なのです。

今回の文書改ざん事件で、安倍内閣の支持率が再び大幅に下がりましたが、果たして、それが安倍辞任までつながるのかはまだわかりません。最後は、国民の監視と評価が適切に政治に反映されるかどうか、つまり、日本の民主主義が機能しているのかどうかが問われているのだと思います。

安倍政治がもたらした腐のトライアングル

村上　政治（まつりごと）が乱れると、社会全体がおかしくなる。神戸製鋼から始まって、東芝、東レ、東電、それから自動車メーカー、最近名だたる企業が全部おかしい。昔だったら経産省が怒って強烈な行政指導に乗り出すところだけど、何で最近の経産省は何も言わないのでしょうか？

古賀　それは、やっぱり天下りです。みんな大手ですから、全部天下りがいますからね。

村上　やっぱり、そうか！

古賀　普通、あのような大手企業の不祥事は、官僚の立場では天下りポストを守りたいというのがありますから、あまり事を荒立てたくないと思うわけですね。だけど、世の中の関心が高いから、所管大臣は格好をつけたいはずだと考える。これが官僚の忖度です。

それで、大臣が先走って記者会見で「あの会社はとんでもない。絶対許されない」などと言おうものなら大変なことになる。だから、事態を抑えるのにどうしようかと考える。だけど、今の所管大臣はそんな殊勝なことは考えていませんから、官僚はそんな余計な心配をしなくてもいいんです（笑）。

村上　結局、役所と企業がつるんでしまったら、どこに正義があるのかということになります。つまり、私がいまもっとも心配しているのは、地元の人が憂えて言ってくるのですが、そういう倫理とか規律が跡形もなく日本から消えつつあるんじゃないかということです。

古賀　昨年暮れに起きたスパコン疑惑も、結局同じ構造です。あれは、ＮＥＤＯ（新エネルギー・産業技術総合開発機構）がペジー社の齊藤元章社長に騙されたということになっていますが、ＮＥＤＯだけじゃなくて、ＪＳＴ（科学技術振興機構）も六十億円を貸している。問題はそれだけじゃなくて、同社のスパコンを買っている側が全部、海洋開発機構とか高エネ研（高エネルギー加速器研究機構）、理研（理化学研究所）などの「独法」だということです。

これは結局、税金を使って開発させて税金で買いあげるという税金ビジネスになっていて、その裏には複数の政治家がいると言われています。

村上　世の中は、それでは闇になります。

古賀　いま問題になっているのは大きなスパコンなのですが、この会社はミニスパコンも売っています。そのミニスパコンでも高すぎて中小企業は買えないので、中小企業を集めて共同で利用できるような仕組みにして、そこに補助金を出すという制度をわざわざペジー社のためにつくったと聞きました。それをつくらせたのが、大臣経験のある商工族の与党大物政治家だと、名前もささやかれています。

そうして役所に中小企業からの補助金申請がどっと来るわけです。そうすると官僚は、この制度が大物政治家の肝入りでつくられたことを知っていますから、全部断るわけにいかないなと課長が考えていると、上のほうからも、わかっているんだろうなと暗黙の圧力が来るわけです。それで、「あ、わかりました。補正予算でつけます」みたいなことになる。

村上　昔の官僚はいろんな陳情があっても、だめなものはだめと拒絶したものです。ただ最近は、ご存知のように、高級官僚までが自分の将来を考えて忖度ばかりやっている。これでは政治とか行政の正義はありません。

古賀　本当です。最近の官僚は言われてしぶしぶ従うんじゃなくて、自分から進んでやるんです。

村上　今までのイメージでは、どちらかというと自民党は経団連と癒着しているとみられていたんだけど、最近ではそんなところまで手を伸ばしているんだ？

古賀　新興のベンチャーとかにも触手を伸ばしていますね。ある政治家がベンチャー経営者の集まりに行って、安倍批判をしているベンチャーの社長がいたりすると、みんなに「あいつとは口きくな」とのけ者にするらしいですよ。

逆になびいてくる連中には、審議会の委員のポストを与えたり、経団連の大物に紹介してやったりしている。

村上 便宜を図ってどうなるの？

古賀 いやあ、わからないですけど、たぶん金額は小さいと思いますが、パーティー券とかを購入するぐらいでしょう。

ベンチャー企業と付き合いがあるとか言うと、話題としても面白いことを提供できることもあって、安倍さんには「進んでる政治家」というイメージで見てもらえるのでしょうかね。ベンチャー企業と汚い付き合いをしている政治家が結構登用されているみたいです。私が見ても、有力な経済閣僚二人はその類ですね。官僚はそのことをよく知っています。

村上 私には縁のない話ですが。

古賀 そういうような金集めをして、それで上にごますって、ポストをもらうという図式です。そういう悪の構造が安倍さんになってから顕著になったように見えますね。政治家に倫理というものがなくなった。

村上 日本でもっとも信望のない政治家たちが大手を振って永田町を闊歩《かっぽ》している。どうしたらいいかなと思うよ、私も、本当に。

由らしむべし、知らしむべからず

古賀　そうしますと、先生のようなリベラルな考え方を持っているまっとうな自民党議員、実はそこそこいるんだけれども、もうそれは自分の中で封印しちゃっているということなのでしょうか。

村上　いや、それは私から言うと、陽明学で言えば「知行合一」、知って行わないことは知らないのと同じなんです。現に私の事務所までやってきて、村上さんの言うとおりだと言う議員たちもいるわけですよ。じゃあ、一緒にやろうと言うと、みんな逃げちゃう。

武士の士も、弁護士の士も、代議士の士も、みんな「侍」という意味なんだけど、結局永田町に侍はいなくなったということだね。

古賀　だから僕は、安倍さんは一線を越えたと言っているわけです。小泉さんもある意味、越えたのかもしれない。けれど、小泉さんの場合はいわゆる倫理的悪という問題ではなかったような感じでしたけど、安倍さんはやっぱり、倫理的な悪に踏み込んでもおとがめなし。刑法犯でなければ何でもありと、そういう世界を切り開いたわけです。

それには二つの要因があって、普通だったらマスコミが大批判をして国民が怒って次の選挙で負けるということが起きるはずなのに、それが起きなかった。マスコミがやっぱりだらしなかったというのが一つ。もう一つは、政権をとった民主党があまりにもだらしなかったので、国民もそこに戻れなかった。

村上　前回は、簡単に言うと小池百合子さんの失敗です。彼女が「都民ファースト」と言いながらマイファーストとなって自滅したわけです。それが、みんなの見方ですよ。

ただ、古賀さんの言うとおり、安倍さんは、「由らしむべし、知らしむべからず」で、国民が知らなかったり、よく理解しない間に一気呵成に通してしまおうということです。またマスコミが問題点をきちっと指摘しないものですから、国民も知らないうちに、法案が通過してしまう。

古賀　チキンレースに持ち込むんですよね、安倍さんは。

村上　チキンレース？

古賀　ええ。だから、マスコミと本気で勝負に行くわけです。それで、マスコミが批判したいと思っても、「批判してみろ、証拠がないだろう」と突っぱねる。そりゃ警察とは違うんだから、そんな簡単に証拠は挙げられないです。

でも、今までの政治家とマスコミの関係というのは、決定的証拠がなくとも、すごく怪しいという事実をボンと打ち上げれば、政治家のほうは、これはまずいぞとなった。ところが今は、かなり決定的な事実を挙げたとしても、政治の側が居直って、それが何の問題なんだと開きなおる。じゃ、刑法何条のどこに触れるんだ、贈収賄のどの条項に当たるのかその具体的証拠はあるのか！　と居直っている。そして、証拠がなかったら、後で徹底的に叩くからなとすごむわけです。最近の朝日新聞叩きなどはその典型です。

村上　前にも申し上げたけど、たとえば特定秘密保護法のときには、これが通らないと世界から情報をもらえないとか、集団的自衛権のときには、一国で平和は守れないとか、共謀罪に至っては、これが通らないと東京オリンピックを開くことができないとあまり論理的でない説明をしようとしている。

それでももっと納得がいかないのが、憲法九条の一項と二項をそのままにして、「九条の二」を書き加えて、自衛隊が合憲という改正案を出すつもりであると言っていることです。これは集団的自衛権の解釈と同じで、論理的でない思考で憲法九条の改正案を出そうとしているのです。

古賀　本当にポピュリスト的手法なんですね。理屈よりも見た目のわかりやすさ、おもしろさで勝負していく。

村上　二〇一七年の選挙で地元に帰ったら、私の支持者がこう言ってました。「安倍さんはアンデルセンの『裸の王様』そのものだ。周りには『王様は裸だ』という少年もいませんね。本人も裸の王様だということに気づかないところに、今の政権の愚かしさと恐ろしさがある」と。

でも古賀さん、現役の官僚たちは、今の政権をどう見ているの？

古賀　何をやってくるかわからないと怖がっているというのはあるにしても、中身的にはバカにしているでしょうね。そういう意味では、本当に安倍さんはすごい。でも、安倍官邸というのは自分の関心事については徹底的にやってきますが、自分がわからないことか、関心がないことは、はっきり言って、全部官僚が勝手にやっています。

村上　そうですね。私もびっくりしたのは、親しくしている官僚ＯＢが二人いるのですが、一人は安倍さんは「とんでもない」と。もう一人は、古賀さんが言ったように、全部任せてくれるから、「いい総理だね」と、こういうことになっているわけです。

だけど、私も三十二、三年永田町にいるけど、こんなにも毀誉褒貶《きよほうへん》の多い総理は見たことがない。何でこんなことになってしまうのかなと思うのです。

マスコミの劣化

古賀　それは、前にも言いましたが、マスコミ、メディアに大いに責任があると思います。

世論はマスコミがつくります。そのマスコミを完全に骨抜きにしたのが安倍政権です。本気で安倍政権の退陣をめざすなら、マスコミ対策抜きに、策は立てられないんじゃないでしょうか。

村上　ある大手新聞の論説委員長と話したことがあった。彼は大学で一年下の後輩だったんです。ご存知のように新聞は、消費税の軽減税率を適用してほしいと言ってますね。自分たちだけのことしか考えていない。それで彼に「きみたちは『社会の木鐸《ぼくたく》』を捨てたのか」と言ったら、「あれはビジネスです」と平然と言った。私は唖然としましたね。マスコミの上層部はジャーナリズム精神を失いつつあるね。

古賀　軽減税率の問題は、すごく大きいと思います。朝日新聞だって本当のことを書けないぐらいの世界になっていますからね。だけど、今までは、マスコミに対しても政権の側が一種抑制的なところがあったんです。

村上　竹下登さんや田中角栄さんたちはいくらバッシングされても、権力を使って抑えようとしなかった。してはならないという自制心があったんです。安倍さんには、そういう自制心があるのでしょうか。

それからもう一つわからないのは、安保法制のときに高村正彦副総裁が出してきた砂川判決根拠説（＊18）です。あれは、まともな憲法学者なら相手にしない学説ですよ。安倍さんの祖父である岸信介さんは民法の大家だった我妻栄先生と首位を争うぐらいの秀才でした。もし砂川判決が根拠であると言ったとしたら、たぶん岸さんは「君、そんないい加減なこと言うな。そんなことは論理的に成り立たない」と言うと思います。それが総理大臣の見識というものです。

古賀 根拠にならないことを何のてらいもなく根拠にする。それを徹底的にやるというのは安倍政権の特色です。

村上 おっしゃるとおりです。自分のやっていることは果たして正しいしいことなのか。また、論理的に飛躍していないか。常に自問自答しながら、判断、行動すべきではないでしょうか。

古賀 それで僕が思ったのは、安保法制の強行採決をやった瞬間に、ちょっと前までなら、全国紙が全部、社説で批判したはずです。あるいは、各新聞の社長や会長が「総理、それはちょっとおかしいんじゃないですか」と声を挙げていただろうと思うんです。

しかも、それを徹底して継続する抵抗運動的なことをやった。それを受けるように社会でも大きな反対運動が起きるということが何回もあったと思います。でも、今回は、賛成しちゃった新聞まであったし、そうでなくても、アリバイ作りみたいにちょっと批判して終わりということで、とても政権を監視する気概など見えなかった。

だから、マスコミの上層部も相当劣化していますね。

村上　私はまだ小学生だったけど、一九六〇年の日米安保改定のときに東京教育大学の正門から学生たちがデモに行くのを見ていました。あのころは、テレビも新聞も、オールマスコミが反対した。今回の安保法制は、集団的自衛権や駆けつけ警護が含まれていて違憲の疑いもあるわけで、すべてのマスコミが疑問を呈しなかったことが不思議でした。

ところで古賀さん、最近、またテレビに出演してますね。

古賀　いや、出てないです。あ、大阪では出られるんです。大阪の朝日放送。あそこは守ってくれたんです。あとは全部アウト。菅官房長官がとにかく私をテレビに出すなと各局を脅した。それで、メジャーのキー局は出せなくなったのですが、東京ＭＸＴＶは、おもしろいというので二回連続で出してくれたんです、あの後も。

そうしたら自民党の佐藤勉さんが、もう絶対古賀を出しちゃだめだという趣旨で、「最近、古賀さんを出したテレビ局があるんだって？　勇気あるなあ」と言ってきた。だから東京では出られません。

村上　なに？　圧力をかけた国会議員がいるの？

古賀　そうですよ。それは安倍さんに対する忖度でしょうね。

村上　最近、久米宏が懐かしくなってきた（笑）。ありがたいことに、ここに来て、私にも時々声がかかるようになってきました。TBSの「時事放談」の出演はもう八回目です。ただ問題は、局によって番組の質が違いますね。

いろいろ出演依頼が来ますが、政治家からタレントに転身した人たちの出るバラエティー番組は、全部お断りしています。

古賀　まともな番組が少なくなってきました。

村上　そうそう。ないね。だからまともな政治家が出る番組といったら「時事放談」など限られます。

外国の通信社系ではロイターやブルームバーグからも声がかかりましたが、全部英語で報道されますから、日本人が読んでくれない。

確かに外国メディアのほうが質問は鋭いですよ。集団的自衛権の問題で二回ほど日本外国特派員協会に呼ばれました。向こうのメディアは正面から取り扱ってくれますが、かなしいかな、日本のメディアは逃げ腰です。

古賀　僕が「アイアム ノット アベ」と報道ステーションでやった直後、日本のマスコミにものすごく叩かれたのですが、日本外国特派員協会からは「報道の自由の友賞」という賞をもらいました。対応がまるで違います。

村上　その点では、向こうは問題の本質をわかってくれている。残念なのは、それが日本中に報道されないことです。

古賀　国連の人権委員会の特別報告者デイヴィッド・ケイ氏、ご存知ですよね。彼がレポートを書くときに二、三時間ブリーフィングしたんですけど、彼に『日本中枢の狂謀』（講談社）という私の著作を渡したら、僕にサインしてくれと言うんです。これは日本語だから読めないだろうと言ったら、いや、訳してもらうからと言っていました。

だからそのへんの感覚がまるで違うんですね。僕のことを、報道の自由のために闘っている人物と彼は思ってくれていて、それに対する敬意なんですよ。そういう連帯感が向こうの人は非常に強い。

村上　「社会の木鐸」は死語になっているわけよね、今の日本では。

古賀　ある中堅記者に聞いた話ですが、若い記者に、たとえば加計とか森友をもっと取材しろと言うと、「いや、なんで先輩、そんなに入れ込むんですか。先輩、偏っていませんか」と反論されたと。「いや、おまえな、国家権力を監視するのはマスコミの役割だろ」とその中堅記者が言い返すと、「それ、おかしいと思います。だって、安倍さんは絶対かかわっていないと言っているし、証拠なんかないじゃないですか」と。

村上　いやはや、そこまでひどいのですか。一国のリーダーが慎むべきは政治の公私混同です。こんな明白な政治の公私混同はないのに、なぜ記者諸君はそれがわからないのか。

大手メディア政治部の堕落

古賀　加計学園の問題で露呈したのは、本来国民のために働くはずの内閣、とりわけ総理が、自己の利権のために仕事をしているという疑惑です。これでは、官邸主導は、総理個人の利益追求を助長する仕組みになってしまいます。

村上　憲法が想定したのとはまったく逆の事態だね。

古賀　それに、官邸（内閣）主導と言いながら、実は総理独裁になっているのではないかという問題もあります。

村上　憲法では、六十五条に、行政権は内閣に属すると書かれていて、決して総理個人に属するものではありません。

古賀　ですから、現在安倍政権が批判されているさまざまな問題については、果たして「内閣」による行政として行われているのか、あるいは、それを逸脱した「総理個人」の意向で行われているのか。ここを明らかにしていくことも必要です。

村上　ここまでひどい状態になるまで、なぜ国民による政治のコントロールが効かなかったのか。安倍政権になってから二回あった総選挙で、なぜ国民は安倍政権の問題点に気がつかなかったのか。
その最大の理由は、今の政治がこんな歪な事態になっていることを国民に知らされなかったこと。モリ・カケ問題、自衛隊のイラク・南スーダン派遣の日報隠し問題などをマスコミがしっかり報道してこなかったからです。

古賀　今の憲法も国家公務員法も性善説を前提にしています。しかし、実際には、政治家も官僚も聖人君子ではない。当たり前です。一方で、彼らが極悪人かというとそんなこともない。「性悪説」も当てはまりません。
そこで、私は以前から「性弱説」を唱えているんです。要するに、人間は、おおむね正しいことをするものですが、人に見られていない、絶対にばれないと思うと、ついつい他人の利益を害してでも自分の利益を追求してしまいがちです。

村上　人間は、欲望の前には弱い存在だということです。

古賀　暗い夜道で十万円を拾ったとき、誰も見ていなければ、そのまま懐に入れてしまう人もいるでしょう。でも、後ろから歩いてくる人の足音が聞こえたら、そこは交番に届ける人のほうが圧倒的に多いはずです。

村上　要するに多くの人々は、特に悪人でもなく特別な善人でもない。普通の人だと。そして、普通の人は「弱い」のです。

古賀　政治家も官僚も同じですよ。彼らもそういう弱い存在であることを前提にしたときに、もっとも重要なのが、正確な情報開示です。自分たちの行動を見られていると思えば、多くの場合、悪いことはできないはずです。

ですから、政策決定過程のあらゆる文書を残して開示することを担保するための公文書管理法と情報公開法の抜本的改正案をつくらないといけないし、特定秘密保護法の改正も必須でしょう。

村上　個人メモだろうが、メールだろうが、ＬＩＮＥのやり取りだろうが、役所の仕事に関係するものはすべてを保存すればいい。昔と違って、パソコンもサーバーも容量はけた違いにふえている。予算と人さえつければそれを実行することは十分可能です。

古賀　二〇一七年末に、公文書管理のガイドラインが改訂されました。今もまだ森友学園問題で財務省の決裁文書の改ざんが明らかになり、再び文書管理の在り方が問題になっています。しかし、今のやり方、つまり、役人が文書の重要性や保存の必要性と保存期間を判断するという仕組みでは根本的な解決はできません。

ガイドラインには問題がたくさんあります。たとえば、会議のメモは相手方の了解をとった上で残せとなっていますが、それだと問題になりそうなことは全部削除される。これでは保存する意味がない。それぞれの部署がつくったメモをそのまま残し、後でそれをつき合せて検証できるようにする。そうしないと真実はわからなくなります。

ですから、いま村上さんが指摘されたように、すべての記録はとにかく全部保存する。どんな些細な情報であっても、廃棄する場合は、事前にその旨をネット上で公示し、国民から保存要請があったら、すべて公文書館に移管して保存する。情報公開はネット上で受け付け、ネット配信なら無料とする。それくらいのことはやる気になればできるんです。

それとともに、今回の一連の問題で明らかになったのが、内部告発の重要性です。森友も加計も防衛省日報も内部告発がなければ、闇に葬られていた可能性が高いです。

村上　そのためにも、独立した第三者による告発受理機関を設立することが必要だろうね。

古賀　そうですね。それにしても、マスコミの機能はまったく弱体化していますね。内部告発の情報を入手してもＮＨＫがなかなか放送できなかったというのが最たる例です。

前にも紹介しましたが、東京新聞社会部の望月衣塑子記者の鋭い質問は称賛に値します。答える菅官房長官もタジタジですよ。逆に言えば、それまで政治部の記者は何をしていたのかということです。

とにかくいちばん劣化がひどいのが、マスコミ各社の政治部です。他の部署の安倍政権批判の記事に横やりを入れたり、官房長官会見で官邸の記者クラブが望月さんの質問を妨害する始末です。いったい、どちらを向いて仕事をしているのかということです。

村上　その記者クラブのことだけど、「国連人権委員会特別報告者」や「国境なき記者団」などからずいぶん批判されているらしい。

古賀　記者たちの談合組織だと批判されています。前に紹介した国連人権委のデイヴィッド・ケイ氏が驚いていたのは、ヒヤリングした日本の記者たちが全員「匿名希望」だったということです。自分の意見を名前を出して言えない記者なんて、存在意義がないと断言していました。そんな記者クラブは直ちに廃止することが国民のためです。

村上　そして、新聞よりもはるかに萎縮がひどいのがテレビ局だね。

古賀　ですから、たとえば政権との交際についての自主ルールはどうなっているのか、公表すべきです。加計学園のスキャンダルが大問題になっているさなかに、テレビ朝日の早河洋会長兼CEOが報道局長、政治部長、現場の政治部記者まで連れて、安倍総理と長時間密室で飲み食いしていたという問題が報じられました。

村上　こういうことは法律などで規制することが難しいから、困るんだ。

古賀　視聴者が、こうしたテレビ局の番組は見ないとか、あるいは批判の意見を送るとか、常に監視していくことも極めて重要です。

＊17 **パレルモ条約** 「国際的な組織犯罪の防止に関する国際連合条約」。国際的な組織犯罪に効果的に対処するための国際協力促進を目的とする。二〇〇〇年の国連総会で採択され、二〇〇三年九月に発効。マネーロンダリングの防止、犯罪人引渡手続の迅速化などを謳う。一八八カ国・地域が締結。日本は二〇一七年に締結。

＊18 **砂川判決** 一九五七年、東京都砂川町（現・立川市）にあった米軍基地の拡張に反対する七人が基地に入り、旧日米安保条約に基づく刑事特別法違反に問われた裁判で、米軍駐留の合憲性が争点となった。五九年の最高裁判決は「わが国が必要な自衛の措置をとりうることは当然」と指摘した。自民党副総裁の高村正彦氏はこれを根拠に集団的自衛権は認められるとした。

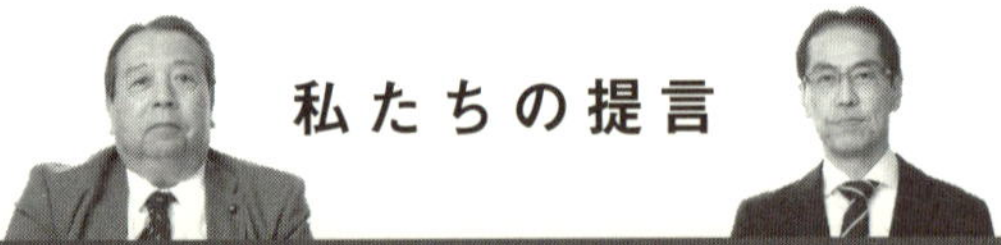

私たちの提言

村上：安倍総理は、潔く武士《もののふ》として責任をとり、総理の職を辞して、後進のリーダーに日本再建の道を託すべきである。

古賀：今や安倍政権の構造的問題ははっきりしている。安倍総理が退陣することでしか、日本の活路は拓けない。

最終章

希望は
教育の再生にあり

青年の矜持と公の精神を持ったリーダーを育てる

村上　いやはや、ここまで古賀さんと話してきて、日本がいま、どれだけ大変で危機的な状況にあるのかが、いやというほど明らかになりました。でも私は日本の明日に対して責任がある政治家として、まだまだ希望は捨てていないんです。

日本を根本的に立て直す道がまだ残されています。

古賀　村上さんの持論である教育の再生ですね。

村上　そうです。日本再生のためには、なんといっても重要なのが教育です。「教育は自己発見の旅である」というのが私の人生のテーマになっています。

私は初等教育については実にシンプルに考えていて、要は「読み・書き・そろばん」と「しつけ」です。つまり読解力、文章力、数的処理能力という基礎学力と倫理観の醸成です。

古賀　ただ、基礎教育の中身は、第一次安倍内閣の教育基本法の改定により、徐々に変質しています。大阪府では、橋下徹元知事の下で行われた教育行政に教員組合が猛反発したこともありました。彼は、たとえば教職員に対して、卒業式などで君が代を斉唱することを義務づける条例をつくり、さらに同じ職務命令違反三回で免職にできる職員基本条例を

「真の教育とは」

真の教育とは

画期的な知識や技術を教えるのではなく、
人間の本質とは何か、
生命とは何かを伝えることである。
人間はいかに生きるべきか、
そして命を燃え上がらせるには、
どうしたらよいのかを、
命がけで伝えることである。
生きるとは、単に生き長らえることではなく、
何かに命をかけることである。
命をかけた時、夢は現実となる。

一　**強い意志・自分で考え抜く力を鍛える。**
二　**豊かな心・みずみずしい感性を育てる。**
三　**豊かな知識・教養を習得させる**

つくった。これは、教育に対する強権的な脅しですね。このように政治が教育現場に過剰に介入するやり方に、私は反対しています。

村上　そうですね。あれは論外だったと私も思っています。

ともあれ、私がいま注視しているのは中高教育における日本と欧米の差です。問題なのは、日本は大学受験までが知識的にも能力的にもピークになっていることです。大学に入ると私も含めてほとんどの人が勉強しないので、学力は下がる一方なのです。

欧米は違います。中学、高校のときに、徹底して自分の頭で物事を考えるくせをつける。自分でテーマを設定し、それを自分で研究する。そのことを徹底してたたき込

まれるために、大学に入ってからもグングン伸びていくわけです。

欧米ではそうした教育環境の中で鍛えられて社会に出るので、地域社会や国家を考えるリーダーが育つ。みんなが力を合わせて、「青年の矜持」と「公の精神」のあるリーダーをつくり出しているのです。

日本でも、昔はそれがありました。江戸時代の藩校もそうだし、終戦までの旧制高校、高等師範、陸士、海兵の教育がそうです。いい例が、旧三高（現京都大学）です。京都の市民が三高生を大事にしました。最近、日本ではそのような傾向がなくなってきています。これでは人は育ちません。

古賀　今は努力した人が正当に評価されない時代です。努力した人を認めてやらないと、若者は頑張る意欲をなくします。

村上　昔は若者がみんな思想的にも切磋琢磨していた。ところが今の日本にはそのような場がない。あらためてそれをつくらなければならないと思うわけです。「青年の矜持」と「公の精神」を持った若いリーダーを意識して育てないと、日本を大きく変えるのは難しいと思います。

ざっくり言えば、それが私の教育論です。

古賀さん、あなたの教育論も聞かせていただきたい。古賀さんの出身校の麻布高校はいい人ばかりです。だけど古賀さんもそうだけど、余り栄達を目指す人はいないですね（笑）。

古賀　そもそも官僚なんかになるのは変なやつ（笑）。僕もしょうがなくて官僚になったような口ですから（笑）。

村上　私にも何人か麻布出身の友人がいますが、麻布の自由な校風はほんとに際立っていて、うらやましかった。そこで、現在の教育が抱える問題です。何がいちばん欠けていると思われますか？

古賀　今の日本の教育は、日本の中で見ても問題なのと、国際的に見てすごく遅れているということがあって、日本の中で通用する人と海外でも通用する人の両方を育てるという二段階の課題があるんです。

村上　海外の教育理念については古賀さんのほうが数段優れている。教えていただけたらと思うんです。

古賀　リーダーを育てると村上さんがおっしゃいましたが、これからの日本を背負って立つリーダーを育てるんだったら、国内の視点だけじゃなくて、やっぱり国際的に通用する人物をたくさんつくらないといけない。だけど一方でいま、留学生がどんどん減っているのです。

その理由として、一つは日本が貧しくなっているというのもあるかもしれませんね。海外での教育には結構お金がかかるようになっています。アメリカの大学や大学院の授業料がすごく上がっていますし、生活費も上がっている。そこにきて日本はいま円安です。ますます海外に行きにくくなっている。結局、企業のひも付きじゃないと行けない感じになっています。

村上 国家として、本当に世界で通用するような人材を育てていくためには、お金も出さないといけないということですね。

古賀 普通の留学で二年間行って帰って来なさいじゃなくて、とにかく外で通用するようになるまで帰ってこなくていい。ウミガメみたいに大きく育ってから戻ってきて日本で活躍してくださいと指導する。

もう一つの問題は、日本企業の旧態依然としたあり様です。日本の働き方も同時に変えていかないと、海外で活躍できるようになった人材が日本に戻らなくなります。どんなに優秀でも日本に帰ったら相変わらずの年功序列型では、そういう安定した職場を好む人しか帰ってこない。独立して留学した本当に実力のある若者は誰も帰ってきません。やっぱり、日本には魅力がないとなる。

ですから、日本の古い社会システムも変えながら、国際的に見て通用する人物を育てていく教育。そこにお金を使わないといけないと思います。

村上　そこが私に欠けている視点です。私らの世代は非常に保守的だから、中学校、高校、大学と出て、たとえば私なら政治家になりたいから法学部へ入ろうみたいな発想でやってきたんだけど、古賀さんの御子息のように、とってもポジティブに、自分でどんどん先を勉強して海外にいく人もいるわけですね。

古賀　息子だけじゃありません。本当に優秀で、アメリカですぐに活躍できるというところまでいったら、日本に帰る理由がなくなってしまうんです。日本に帰れば、自由な発想は潰されるし、夜中まで働く文化があって、しかも給料は安い。セクハラ、パワハラは当たり前というのが今の日本のイメージですから。彼らに言わせると、いいのは、美味しいご飯がただみたいに安いということくらいしかないそうです。（笑）。

村上　それはまた、ずいぶん情けないことですね（笑）。

古賀　残念で口惜しいことですが、本当なんです。

村上　ところで、教育システムといえば、日本には飛び級がありません。欧米では十六歳ぐらいでも大学へ入れるわけです。日本で飛び級が認められているのは、せいぜい千葉大学ぐらいで、ほかの国立大学はある一定の年齢に達しないと入れないらしい。

もう一つ、大学の世界ランキングが、昔とは様変わりらしいですね。

古賀　イギリスの教育専門誌「タイムズ ハイヤー エデュケーション」の二〇一八年の世

界ランキングでは、一位がオックスフォード大学、東大は四十六位、京大は七十四位です。

村上　特に、シンガポールやインドの大学あるいは欧米の理工系の大学の進出が目立ちます。バンガロールにあるインド理科大学は、小さな大学だけど、インドでナンバーワンらしいですよ。日本で言えば、東大なんだろうけど、中身が大きく違っている。

古賀　麻布高校のＰＴＡで講演をすると、お母さんたちがいちばん反応するのはその話です。僕はお母さんたちに言うんです。「東大に入っても意味ありませんよ。みなさんはお子さんを東大に入れたくて麻布に入れたかもしれませんが、全然意味ありません。このランキングを見てください。これはアジアのランキングです。世界ランキング二〇一八年版には、十位以内に東大が出てこないのでアジアにしたんです。アジアで東大は当然一番だと思うでしょ、違うんです、最新版ではまた一つ順位を落として八番です」と。

アジアランキングでは、一位がシンガポール国立大学、二位が清華大学、三位が北京大学。ベスト二十のうち、中国が七校、香港と韓国が五校、日本とシンガポールが二校です（二十位に同点で二校あるので、全部で二十一校）。

そういう順位ですから、お母さんたちに「優秀なお子さんだったら、シンガポール大学か清華大学か北京大学を目指してください」と言うんです。

ですから、日本は、経済力がだんだん落ちていくだけではなくて、日本の将来を担う人材を輩出する大学のレベルが世界でどんどんランキングを落としている。ということは、とりもなおさず、将来も国力全体が確実に落ちていくということです。

村上　いま古賀さんが言ったように、これから日本を引っ張っていくリーダー、世界に伍していくリーダーになるためには、インド理科大学はともかく、ランキング上位の大学を目指すぐらいの気持ちでやってもらわないと、ちょっと追いつかないのかな。

古賀　と思いますね。世界の企業を見ると、もちろんアメリカが中心ですけど、中国がもう一方の中心になろうとしているし、欧米はそもそも国境がなくなっています。企業と企業が分野ごとに競争したり、協力したりするのですが、その輪の中に日本の企業は入っていけないのです。部品や素材の提供ということだったら入っていけるんだけど、大きなプロジェクトを組んで互いに議論しながら進めるという枠組みには入れなくなっている。

あのトヨタですらそうです。トヨタはお金があるからかろうじて入れてもらえるけど、やっていくうちにだんだん弾かれていく。有名な話として、トヨタがテスラに出資したのはいいけれど、だんだん情報がもらえなくなった。そのうち、パナソニックとテスラがつくっている電気自動車向けの電池も供給できないと言われて、じゃ、何のために出資しているかわからないとなって、泣く泣く出資を引き上げたそうです。

それでその投資は失敗だったと周りからだいぶ批判された。ところが、気がつくとテスラの時価総額が急騰して株価も急上昇、トヨタは六〇〇〇億円も儲かったという皮肉な結果になった。笑うに笑えない悲しい話です。

村上 世界に通用する人材の育成は、今の話を聞いても急務だね。世界と日本の大学とではどこがどう教育内容が違うのか。そこをきちんと研究し、指摘しないといけません。

高等教育の無償化に疑義あり

古賀 そこで村上さん、安倍さんが盛んに喧伝する高等教育の無償化、あれについてはどう思われますか?

村上 まず財政面から言いましょう。われわれのころは本当に貧しい苦学生がいっぱいいたんです。たとえば朝早く教室に行くと、わら半紙の中から固いコッペパンを出してかじっている。それを見て私が思ったのは、政治で本当に大事なのは、社会的弱者を救うことだと。向学心があって優秀でありながら、たまたま家が貧しくて学校に行けない人を救うのが政治ではないかと。

だから、高校の授業料や幼児教育の無償化と安倍さんは言っているけど、私みたいに勉強嫌いな劣等生にまで何で無償化する必要があるのか。ピンポイントで能力のある人を救うほうが、財政的にもはるかに負担が少ない。
驚いたのは、私立の授業料まで無料にするという。そんなことをしたら、みんな麻布、開成、武蔵に行ってしまうでしょう。都立高校は存在意義がなくなってしまいます。都立高校の先生も余ることになる。

古賀 そうなる可能性はありますね。

村上 小池百合子都知事は、年収七六〇万円の所得の人まで授業料をタダにすると言ってますが、あれもいかがなものかと思います。
ちなみに欧米の課税最低基準は二六〇万円です。国家というのは国民がそれぞれの立場で支えるということで、二六〇万円の収入しかない人でも、それなりの税金を納めてもらうんです。
ところが、どうです日本は。なんでそんな金持ちまで高校の授業料を無償にするのですか？　言語道断ですよ。経済的に恵まれていない優秀な人に奨学金を出すのはいい。いくら出してもかまわない。

古賀 同感ですね。右肩上がりの経済で、国庫に金がジャブジャブという状況だったら、全部無償というのもありかなと思いますが、まったくそうじゃないですからね。かつての民主党は、教育は社会全体で行うものだとか言っていましたが、理念的にはそれでいいとしても、今の日本の財政状況を考えて、現実的にやるんだったら、それはもうありえない。

村上　幼児手当とか教育無償化には、誰もノーとは言わないんです。財政の裏付けがないのに無償化することがいちばんいけない。何か、内閣がおかしくなって、世の中の考え方まで正常ではなくなっています。

古賀　自民党内には異論がないんですか？

村上　私から言わせれば、小泉進次郎君が言っている「こども保険」も、希望の党の玉木雄一郎氏が言っている「こども国債」も、それから小池都知事がやった私立高校の授業料無償化（条件付き）も全部バラマキ・ポピュリズムなんですよ。結局、次の世代にツケを回しているにすぎないのです。

古賀　そこには哲学も何もない。

村上　だから、私は党の総務会で指摘したのです。こんなことをやり出したら、次の世代はどうなるのかと。次の世代は投票権も発言権もないわけです。われわれ世代が次の世代にツケを回しているのにすぎないのです。このままいけば、社会保障から教育費から、全部次の世代が背負っていくことになる。気がついてみたら、一家の父親が放蕩で借金まみれにして、財産どころか借金まで全部背負えと言ってるのと同じです。しかし、一家庭なら相続放棄で済みますが、国家はそれができません。

古賀　結局バラマキができるのは、国債を日銀が買うという超金融緩和の仕組みが続いているからです。普通なら、教育に金をつけると、ほかの分野のお金が足りなくなる。何を削ろうかという話になり、他分野の痛みとのバランスを考えて、おのずと制約がかかるんです。

だけど今は、しばらくの間、財政は出動しっぱなしでいいとなっていますから、バラマキにまったく歯止めがかからない。

留学生が激減する日本

村上　さきほど少し出た留学生の話ね、昔からフルブライト奨学金などのシステムがあって、日本はそれをうまく利用してやっていたわけですね。フルブライト奨学生の中から錚々《そうそう》たる人士が育っています。ノーベル賞受賞者だけでも、利根川進（ノーベル生理学・医学賞）、小柴昌俊（ノーベル物理学賞）、下村脩（ノーベル化学賞）、根岸英一（ノーベル化学賞）の名があがります。

ところが、いま困っているのは、フルブライト奨学金の試験に受からなくなっているんです。

古賀　ただ、フルブライトの制度も昔の感覚のままなのです。一度向こうに行ったら、絶対戻ってこないといけない。要するに、お国のために貢献してねという縛りがある。だけど、もっと縛りを緩くして、行った先のアメリカならアメリカで活躍できるようになるまで帰ってこなくていいようにすべきじゃないかと思います。

村上　ちょっとそこは、あなたと認識が違うんだなあ。実は中国の大きな問題点は、中国で大学へ行くのはせいぜい五、六パーセントなんですが、困ったことに、海外に行った優秀な人々が戻ってこないのです。そうすると、昔のポルポト政権と同じで、インテリゲンチャがほとんどいなくなるわけです。

　だから中国は、下手をすると、少子高齢化のスピードが日本よりも速いし、それからいま言ったようにインテリゲンチャが自国に戻らないから、案外崩れるのが早いのではないかという説もあります。

古賀　ただ、中国は、村上さんの言われるとおり危機感を持ったのでしょうね、今ではすごく高い給料を払って留学生の帰国を促しています。

村上　金のある企業には戻ってくるけど、では、国家の公務員はどうなっているのかな？

　それと留学はなにも学生に限ったことではなく、政治家も留学で資質を高めて日本の政界に戻すようなことをしないといけないんだけど、木を育てるのと同じで、二、三十年かかるわけですね。
そういう天下国家を大所高所からやろうという人間を、みんなで育てようという気概を日本社会が持てるかどうかだね。

古賀　だから、日本の行政をドイツ政府に委託したほうが早いと言う人もいるぐらいです。官民ともに、世界標準の人材育成を急がないと、本当に世界から置いてきぼりになって、取り返しのつかないことになると思います。

移民政策の転換を

村上　もう一つ、重要なテーマは、「人口動態」です。この図（図5）を見てください。世界の人口は二〇五〇年までに一〇〇億人にまでふえるという予測があります。日本はこれからどうなるかというと、たぶん世界で初めてのことだと思うけど、今の一億二〇〇〇万人が二十一世紀の終わりごろになると五〇〇〇万人前後になる。中には四〇〇〇万人という予測もあります。
こんなに人口が右肩下がりになってくるときには、今までの経済政策や理論はもう全然役に立たなくなるわけですが、誰もいま、その問題について考えようとしていないのです。

図5　世界人口の増加による
2020年・2050年問題

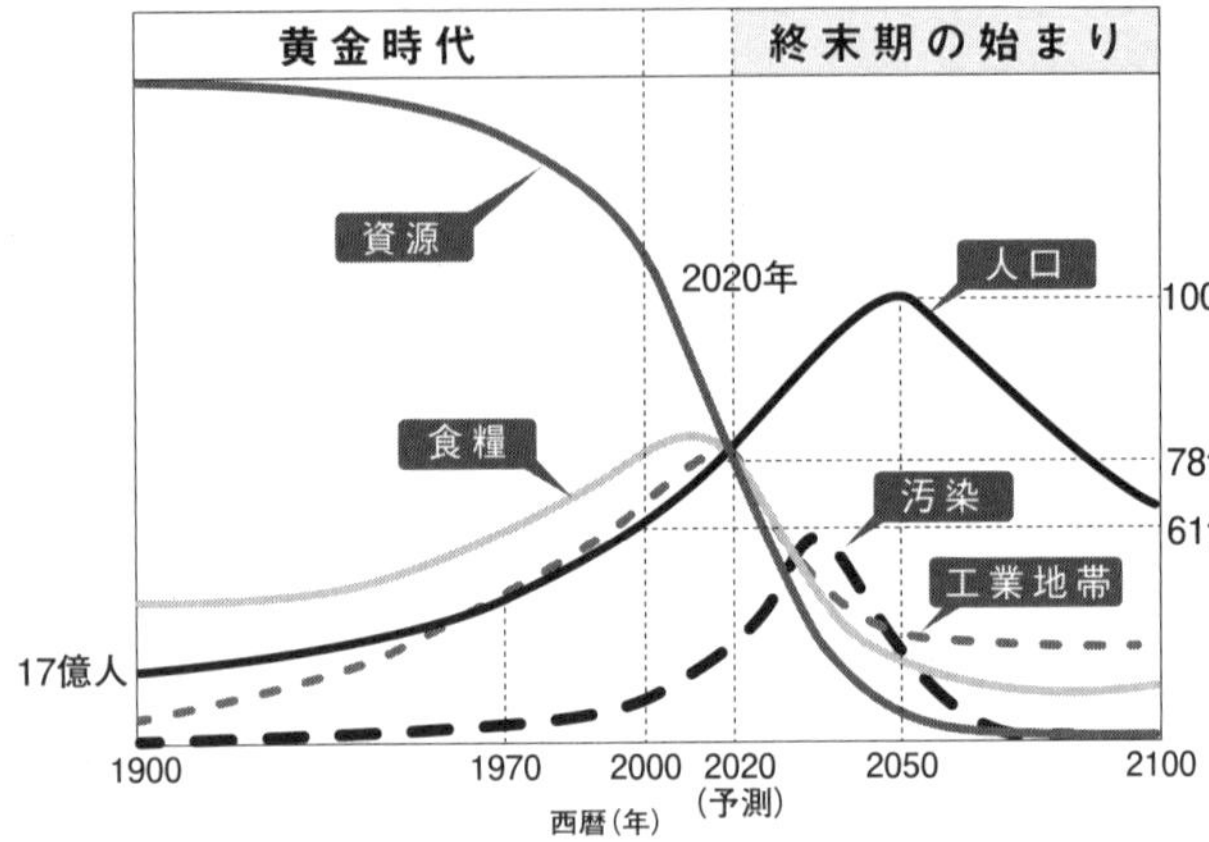

2020年を境にして、人口の増加に食糧も資源も追いつかない

そこで当然問題になるのは、移民政策です。日本ほど移民を認めない国は世界にも例がない。私はアメリカのような市民権を入口に問題を提起しようと思っているのです。国家は最低一億人の人口が必要とされているといわれます。アメリカは頭脳と労働力を移民に頼っているのです。

ただ、難しいのは、移民がふえると国の社会保障費が膨らむことです。ドイツはトルコの移民を受け入れました。ただ、最初の世代は言葉がうまくしゃべれないから最後は母国に戻ります。だけど、子どもたちの世代、移民二世は残ります。だから社会保障費がすごく増大してドイツは苦しんでいます。

それでも結論として、これからの時代、日本も、移民の受け入れは必要でしょう。しかし、日本の国民や安倍さんたち保守派はなかなか認めないだろうね。二〇一六年度の難民受け入れ数はたったの二十八人でした。これではどうしようもない。

古賀　いま起きているのは、いろんな研修とか称して、形を変えて労働力の補充をやっていることです。日本はいまだに外国人を単純労働の調整弁として扱っているにすぎません。

村上　それは一時的なんでしょう？

古賀　一時的だということで、今はしのいでいるわけですね。だけど、海外からの研修生がみんな帰りますとなったら、日本は大変な労働力不足になるから、結局それをずっと続けるわけです。

しかし、日本の国力が徐々に衰えると、そもそも外国からの研修生も来てくれなくなる。ちゃんとした待遇をして、市民権も与えるぐらいに地位を保証しないと、たぶん誰もやって来ない時代が来る。あるいは、来るのは、非常に質の低い人ばかりとなってしまいます。外国から労働者が来なくなるということは、人口が減少した分、介護や運送業や飲食業などの分野で穴が開く。つまり、日本が回らなくなるということです。日本もどこかで移民を認めざるを得なくなると思いますね。

やはり、移民政策に正面から向き合い、単に短期的労働力の需給調整の対象で終わらせるのではなく、「働く仲間」として、さらには、「日本社会の一員」として移民に来てもらうという考え方に転換するべきです。

村上　だけど、そこまで彼らは考えているかな。

古賀　安倍さんたちが天下を取っている間は、やれと言ってもムリでしょう。たぶん、裏口で入れりゃいいじゃないかぐらいに軽く考えているんじゃないですか。

ただ、安倍政権も二〇一四年に「毎年二十万人の移民受け入れを検討する」と発表して、その後、一部の職種で永住権が解禁されるなどの動きもあることはあるのです。

村上　だけど、賃金の未払いや、労働者へのハラスメントなど、あまたの問題を抱えたまま実習生制度の拡充を図っているわけで、これではどうしようもない。

古賀　おっしゃるとおりだと思います。

それで紹介したいんですが、北海道士別市に「かわにしの丘　しずお農場」という実にユニークな農場があります。ベトナム人技能実習生を低賃金労働者でなく自社の将来を担う高度人材として育て、業績をアップさせているんです。

実習希望者が殺到するだけでなく、同国屈指の理系校・ダナン工科大卒のエンジニアまでもが就職を希望するなど、現地でも注目されています。

村上　それはすごいことです。人材不足に苦しむ日本の企業にとっても参考になります。

古賀　ここの何が優れているのかというと、一つは日本語を習得するための手厚いサポート体制です。しずお農場は経営者自らが日本語教師養成学校に通い、実習生を対象に就業後、「夜間日本語教室」を自社内に開いたのです。

しかも、日本語検定の取得級数が上がるごとに、給与を上げるというインセンティブをつけたのです。実習生たちの日本語能力は急速にアップし、日本語で運転免許まで取得しました。日本人同僚との協業効率もどんどん上がったということなのです。

村上　なるほどねえ。経営者の覚悟がちがう。

古賀　給与面においても優秀です。よそでは月収十万円足らずの実習生が少なくないのに、ここの実習生の賃金は大卒初任給並みの二十万円。寮費・食費などを差し引いても十六万円を超えます。ベトナムの実家に月十万円の仕送りをして、二年で家を建てたという者もいます。また、寮では無料Ｗｉ－Ｆｉです。実習生がベトナムの家族とＬＩＮＥで自由に交信できるから、本国の家族も安心して日本に子供たちを送ることができる。実にこまやかな配慮がなされています。

村上　そのしずお農場の経営者はどのようにしてそんな人材育成法を編み出したのか、気になります。

古賀　しずお農場の外国人材の育成法はドイツ式です。外国人労働者を差別せず、地域の経済を支える人材と見なし、ドイツ語習得や職業訓練に力を入れたのです。ベンツやフォルクスワーゲンなどの大企業も政府に移民受け入れを強く訴えました。今や移民はドイツ経済の成長を支える重要な存在になっています。なにしろ、最近でも彼らは中東からの難民さえ受け入れを要望したくらいです。早く受け入れれば、優秀な人材がとれると踏んでいます。

村上　そうなんですか。ドイツの経営者は機を見るに敏というか、決断が速いんだね。ドイツ政府もそれにすぐ応える。そこは、日本も大いに見習うべきですな。

古賀　日本も早めにアジア諸国などから「優秀な」若者に来てもらい、日本語教育を徹底的にやって、活躍してくれそうな人は仲間として受け入れる。ドイツ流の政策に転換すべきです。

その際には、先ほども言いましたが、少なくとも、待遇は日本人と同じ条件で、企業には労働法規を厳守させる。残業などさせずに、夜は日本語教育や各種免許取得などにあてるといった教育体制の充実も大事です。日本語教育のため自治体が教師を現地派遣することも考えてほしいですね。そして、こういった施策の上で、永住権の取得条件を緩和する。

村上　まったく同感です。逆に言うと、ここまでやらないと、「移民で経済を再建」は、不可能なのだと思います。

志と寛容の政治家、出でよ

村上　最後に私がどうしても申し上げたいことがあります。それは、政治家には高い志が必要だということです。

　私の場合は、伯父や父の後姿を見て育ちました。それからやはり小中高大の一連の教育のなかで志が培われたと思っています。古賀さんはいま振り返ってみて、自分の志はどのようにして形成されたと思われますか。

古賀　やっぱり僕らの青年期はまだ経済が右肩上がりで、頑張っていればどんな世界であっても基本的に報われるという感じはありましたね。世の中に正義はあると希望が持てた時代です。

村上　その正義感です。私は、最近永田町に天下国家を大所高所から考えようとする人たちがだんだん少なくなってきたように思います。

古賀　う〜ん。一つには宗教的背景もあると思います。欧米にはキリスト教という精神的なバックボーンがあります。日本は一応仏教国で、儒教的精神もあまり自覚しないけど浸透している。小さいときから学校で仏様の教えを習うことはないにしても、やっぱりどこかでお天道様が見ているみたいな教えは身についているんじゃないでしょうか。

村上　私が思うに、それが新渡戸稲造の言う「武士道」なんです。つまり、日本には西洋のような宗教はないけど、自然宗教やら仏教やら、あるいは儒教など、いろんなものが合成されて日本人の倫理観の基となっている。

たとえば会津藩の有名な家訓「什《じゅう》の掟」に出てくる「ならぬことはならぬものです」もそうでしょう。私は、あれを何度も読みました。

一、年長者（としうえのひと）の言ふことに背いてはなりませぬ
一、年長者にはお辞儀をしなければなりませぬ
一、嘘言（うそ）を言ふことはなりませぬ
一、卑怯な振舞をしてはなりませぬ
一、弱い者をいぢめてはなりませぬ
一、戸外で物を食べてはなりませぬ

やっぱりならぬものはならぬ。日本は恥の文化である。その代わり、「仁、義、礼、智、信」の五徳じゃないですが、人の上に立つ為政者は慈愛を持って政（まつりごと）をやらなき

ゃいけないんです。

古賀　安倍さんには、それがないですね。

村上　ご存知だと思いますが、最近話題の吉野源三郎作の『君たちはどう生きるか』という子ども向けの文学書は、私の小学生のときの愛読書でした。昭和十二年の刊行から八十年の時を経て最近漫画化されました、ずいぶん売れているらしいですが、久しぶりに読んでみたら、やっぱり感動しました。いい本なんですよ。

弱い者いじめをするヤマグチ君が友だちを殴ったとき、主人公のコペル君がその友だちを助けなかったと夢にうなされるほど悩み、後でその友達に許しを乞うという話ですが、そのときコペル君のおじさんが、コペル君がヤマグチ君のようにいじめる側であったらがっかりしたけれども、いじめる側でなくてよかったと励ましたわけです。

古賀　子どもの倫理観を養う古典的な名著ですね。

村上　だから、われわれの世代は、勧善懲悪ではないけれど、『月光仮面』や『赤胴鈴之助』を見て、おかしいことはおかしいと、間違っているのは間違っていると言うのが当たり前だと考えていた。最近の永田町や霞が関を見ていると、やってはならぬことや、「ならぬものはならぬ」ことを行ってしまう人が多々見受けられ、将来が非常に心配です。

古賀　平気で籠池夫妻を長期勾留し、加計孝太郎氏を徹底的に隠す。これでは日本の正義とかジャスティスは、いったい、どこへ行ってしまったのか。政府は追い込まれて、佐川宣寿前国税庁長官の国会喚問には応じましたが、昭恵夫人、迫田英典元国税庁長官などの関係者の喚問には今も応じていません（二〇一八年四月現在）。今や納税者の叛乱が起きてもまったく不思議ない状況、それが今の日本の偽りない姿です。

村上　それを天下のマスコミが誰も指摘しないし、またそういう志のないことがいいことみたいに世の中が捻じれてしまっている。国会議員や官僚ばかりでなく、マスコミ人の再教育も必要です。

　ともあれ、あらゆる分野で教育の再生を図らなければ、日本の明日はないというのが私の強い信条です。

古賀　村上さんは雑誌『文藝春秋』誌上で「現在ほど自民党に憂いを感じたことはありません。『安倍一強』とも呼ばれる現政権が続けば、この国は大変なことになってしまうのではないか。一刻も早く手を打たなくてはいけない」と危機感を露わにしておられました。

　いまこの国が何としてもやるべきことは、劣化してしまった日本を変えるべく、一刻も早く新しい有能な総理大臣を選ぶことです。

村上　いや、古賀さん、今回は本当に勉強になりました。「ミスター自民党」を自負する私としても、非常に有益な示唆を与えていただいたと思います。これからも党内の「ひとり良識派」として戦い続けますよ。ありがとう。

古賀　こちらこそ、失礼しました。村上さんと腹蔵なく語りあえ、勉強になりましたし、何よりも、とても痛快な時間を過ごさせていただきました。ありがとうございます。

私たちの提言

村上：❶「青年の矜持」と「公の精神」を持った優れた人格のリーダーを育てる。
❷社会のあらゆる分野で教育の再生を図る。

古賀：❶国内で通用する人材と海外で通用する人材の両方を育てる。
❷社会に活力をもたらす有効な移民政策を立てる。
❸公立学校の質を向上させる。
❹幼児教育と高校教育を義務化する。

おわりに

元経産省官僚　古賀茂明

今、安倍政権が揺らいでいる。

その最大の要因となっている森友問題は、もちろん、単なる文書改ざんの問題ではない。文書改ざんをせざるを得なくなった裏の事情が問題の核心である。

安倍政権は、検察当局と財務省の調査結果を待つという姿勢で、時間稼ぎをしながら、国会を閉じれば、世論もおとなしくなるだろうという読みで、逃げ切りを狙っている。

しかし、財務省の調査は誰も信じない。検察の捜査は、「刑事」事件としての責任追及であって、政治責任は無関係。刑事事件としては終わってもそれで幕引きとはならない。

しかし、安倍総理は、政権メンバーが捕まらなければ、責任なしで一件落着と考えているのだろう。実は、そこが安倍政権の本質だ。安倍総理は、刑法違反として訴追されなければ何をやっても良いと考えているようだ。少なくとも、霞が関の官僚たちにはそう見える。政治家としての矜持とか倫理観など持ち合わせていない。権力の行使は抑制的になどという考えももちろんない。

安倍総理は、官僚のほとんどが違憲だと信じていた集団的自衛権を認めるために、違憲を唱える法制局長官を更迭し、合憲を唱える外務官僚を後任に大抜擢した。これを見て、官僚たちは腰を抜かした。法制局長官は、官僚の中の官僚で別格の神聖な存在だった。自分が考える憲法違反の政策を実現するためにそのクビを挿《す》げ替えるなど、神をも怖れぬ暴挙である。

安倍総理は、安倍政権に逆らった前川喜平文科省前次官をクビにしただけでなく、退職して民間人になった後も、あらぬ情報をリークして読売新聞に前川個人攻撃の記事を書かせた。社会的に抹殺しようという意図がはっきりわかる。官僚はこれらを見て震え上がっている。

今や、安倍政権の独裁体制はほぼ完成した。彼は、すでにマスコミも支配している。私が、二〇一〇年十月に現職官僚として国会に参考人として出席し、当時の民主党政権の政策を批判したとき、マスコミは特集まで組んで私を擁護し、当時の仙谷由人官房長官が陳謝に追い込まれた。このとき、マスコミは、政権の監視役として機能していたのである。

一方、二〇一五年三月に私が報道ステーションで「I am not ABE」を掲げて安倍政権による報道弾圧を告発したとき、マスコミの大半は私を批判した。一方、海外メディアはこぞって、私を支持する記事を書き、日本外国特派員協会は、私に「報道の自由の友賞」を授与した。私は、このとき、安倍政権による日本マスコミの支配が完成したと思った。

マスコミが政権批判をできなくなると、官僚には逃げ場がない。安倍政権に逆らって闘おうとしても、世論の支持がなければ多勢に無勢で勝負にならないからだ。

かくして、官僚は、政権に従順な犬となり、さらには、出世のために、自ら進んで悪事にまで手を染める、ブラックな競争社会へと入っていく。暴力団と同じ構図だ。

独裁の本当に怖いところは、独裁者が権力を濫用して悪事を働くことではない。独裁者はひと言も発していないのに、現場が勝手に忖度して、悪政を行うことである。今や、日本の行政はそういう段階に入った。

このような状況では、森友問題で総理が指示をしたか、秘書官が指示をしたかは、実は重要なことではない。指示をしていればもちろん問題だが、指示をしていなければ、指示なしで官僚があそこまでおかしな土地の不当安値売却と隠ぺいのための公文書改ざんという犯罪まで犯してしまったということのほうがさらに深刻な事態ではないのか。

安倍昭恵夫人の関与の詳細はわからない。しかし、昭恵夫人の秘書は経産省出身のノンキャリアの課長補佐級。一方、財務省で懇切丁寧に応対したのは、財務省のキャリアの管理職である。官僚であれば、このランク格差のある者同士で連絡調整をすることはありえないとすぐにわかる。一〇〇人に聞けば一〇〇人が、昭恵夫人案件だからそれが可能だったと言うだろう。

これだけで、安倍政権の構造的問題ははっきりしている。これは、十七年春にははっきりしていたはずだ。

その後判明した佐川氏の文書改ざん事件の細かい経緯もわからない。しかし、彼に不当安値販売についての責任はなかった。すべては前任者の仕業だ。したがって、昭恵夫人の関与について、佐川氏は隠す必要はまったくなかった。しかし、彼は隠ぺいに加担した。その心境は容易に想像できる。仮に正しい道を選んで、問題を明るみに出せば、国民に奉仕する勇気ある官僚として称賛されるだろう。しかし、安倍政権ににらまれて、その夏の人事で勇退させられる。天下り先もないか、あっても惨めなポストになる。天下りせず再起しようとしても、おそらく安倍政権はそれを妨害し、生活の糧を奪うに違いない。家族のことも心配だったろう。

かくして、彼は、共犯者となる道を選んだ。一度悪の道に手を染めた佐川氏にとっては、思い切り安倍政権にすり寄り忠誠を尽くすしかなかった。その甲斐あって、国税庁長官に上り詰めたが、その後、改ざんが発見され、ついに安倍政権に切られて、悪の権化であるかのような仕打ちを受けた。しかし、それでも、佐川氏には、政権への忠誠を示すしか道はなかった。ここで安倍氏を裏切っても、さらに残酷な仕打ちが待っているだけだからだ。証人喚問では、ただひたすら安倍政権の関与はなかったと断言し続けた。彼としては、安倍総理に忠誠を誓う姿勢を全力でアピールしたのだろう。きっといつか、ほとぼりが冷めたころ、自分を助けてくれることを信じて。

ここまで浸透した安倍独裁。

安倍総理は、表向きは、今回の不祥事に対する行政の長としての反省と謝罪を述べた。官僚に対して綱紀粛正を呼びかける姿勢も示している。

しかし、安倍総理が何を言おうと、官僚の意識は変わらない。依然として、彼らにとって、安倍総理が異常な権力者であることに変わりはない。しかも、もし、これほどまでに明らかな大スキャンダルがあっても、これを乗り越えたとなれば、官僚たちは、さらなる強固な独裁体制が確立したと思うだろう。

官僚の行動は、恐怖支配により、忖度とすり寄りでますます歪められ、日本の行政は崩壊への道を進むことは確実だ。

これを止めるには何が必要か。安倍総理の言葉ではどうにもならない。官僚たちが、「安倍独裁」が無くなったとはっきり認識できる状態にすること。すなわち、安倍総理辞任しか道はない。


安倍総理辞任が必要だと思う理由が、実はもう一つある。それは、北朝鮮問題への対応だ。

安倍自民党は、森友問題の幕引きを狙って、「森友より日米首脳会談や北朝鮮危機対応だ」と必死にマスコミに流している。得意の外交で、森友封印と支持率回復を狙う作戦だ。しかし、頼みのトランプ大統領は、安倍総理の顔に泥を塗るようなことを続けている。鉄鋼・アルミ製品の関税引き上げで、同盟国にはこれを免除する措置を採りながら、「一番の仲良し」であるはずの安倍総理の日本はそれに入れてもらえなかった。韓国が入って日本が外される。安倍総理としては耐えがたいことだっただろう。

またトランプ大統領は、安倍総理の個人名をわざわざ挙げて、「彼は微笑みを浮かべているが、こんなに長い間米国をうまく利用できるとは信じられないと笑っているのだ」と揶揄《やゆ》して、「もうそんな時代は終わった」と日本に対する貿易戦争を予告してきた。日米首脳会談ではFTA（自由貿易協定）の交渉を強要されて、大きな成果は得られずに終わるだろう。五月下旬に予定される日ロ首脳会談でも、米ロ関係の悪化を受けて、北方領土返還交渉はさらに困難さを増す。

そこで、安倍総理は、日朝首脳会談を模索していると報じられているが、北朝鮮は、中国と首脳会談を済ませてその後ろ盾を得た。これから韓国、米国との首脳会談も予定されている。今、トランプ大統領の家臣である安倍総理に会っても何の意味もない。仮に会ってもらえるとすれば、法外な見返りを与える場合だけだ。

それでも、安倍総理は、北朝鮮への利益供与はバックドアで行って、何らかの成果を引き出そうとするかもしれないが、それは、あくまで、森友封じと自己の政権延命のためである。ただし、金正恩との首脳会談は、極めてリスクが高い。慰安婦問題などを持ち出されて、それを世界にアピールされると、アメリカの支持さえ受けられなくなる恐れがある。

このようにみると安倍政権の外交は八方塞がりである。

そこで、安倍総理が一番期待しているのが、米朝首脳会談の中止または、会談での決裂である。もともと、米朝首脳会談にも南北首脳会談にも安倍総理は反対だった。なぜなら、それで対話ムードが広がると、「北朝鮮の危機だ！モリカケなんかやってる場合じゃない！」という作戦が使えなくなるからだ。

安倍総理にとっては、北朝鮮での緊張が高まるほうが望ましい。戦争あるいは一触即発という状況さえ望みたくなるだろう。「こんな危機的状況で総理を代えるのか！」と言えば、秋の自民党総裁選で三選もやりやすくなる。

しかし、これは、国民との関係では、究極の利益相反だ。国民のためには、対話が進むことが望ましいが、自身の政権延命には、その逆を期待する。

こんな状態に陥った安倍総理は国民にとって危険な存在だ。やはり、辞職してもらうしかない。


村上誠一郎さん（あえて先生と呼ばず、さんと呼ばせていただく。そのほうが村上さんの雰囲気に合っている）との対談を終えて、私は、今の日本の危機的状況を打破するためには、いくら美しいスローガンや政策を唱えてもダメだと思った。

まずは、安倍総理に退陣してもらい、永田町と霞が関の隅々まで沁み込んだ「安倍一強独裁体制」をリセットし、そのうえで、「国民のために働く総理」を選び直す。これしかないと確信した。

しかし、国会では、野党はあまりにも弱い。不信任案を出しても簡単に否決されて終わりだ。市民が国会前でデモをやっても、政権打倒は難しい。倒せるとしたら、自民党しかない。

今、自民党の中には、安倍政権への批判と不満が充満している。ただ、それを口に出せる政治家がいない中で、村上誠一郎さんは、はっきりと安倍政権に苦言を呈し、安倍退陣まで示唆されている。マスコミも村上さんの考えを報道するようになった。

秋の総裁選、さらには来年の統一地方選、参議院選に向けて、自民党議員は国民世論に敏感になっているし、マスコミの安倍忖度にも変化の兆しが見える。国民が声を挙げ続け、支持が顕著に回復しなければ、自民党内の安倍降ろしの動きも活発化するだろう。野党共闘の動きも本格化するはずだ。

結局のところ、私たち市民が声を挙げて、自民党を含めた政治家に圧力を感じさせ、マスコミをも変えて行く。それしか道はないのだと思う。

二〇一八年四月

※本対談は二〇一七年十二月より二〇一八年四月にかけて行われたものです。
※本文中の図表はすべて「村上誠一郎事務所」からの提供になります。

著者略歴

村上誠一郎（むらかみ・せいいちろう）

自由民主党衆議院議員。1952年、愛媛県生まれ。東京大学法学部卒業後、河本敏夫衆議院議員の秘書となる。86年、旧愛媛２区より衆議院議員に初当選。以降、11回連続当選。大蔵政務次官、衆議院大蔵常任委員長、初代財務副大臣、国務大臣（行政改革・構造改革特区・地域再生担当）、内閣府特命担当大臣（規制改革・産業再生機構担当）等を歴任。2011年、衆議院より在職25年の永年勤続表彰を受ける。12年、衆議院政治倫理審査会会長に就任。主な著書に、『宰相の羅針盤』（東信堂）、『自民党ひとり良識派』（講談社現代新書）などがある。

古賀茂明（こが・しげあき）

1955年、長崎県生まれ。東京大学法学部卒業後、旧通産省（経済産業省）入省。産業再生機構執行役員、経済産業政策課長、内閣審議官（公務員制度改革担当）、中小企業庁経営支援部長などを経て2011年退官。改革派官僚として活躍。「改革はするが戦争はしない・フォーラム４」代表。元報道ステーションコメンテーター。2015年、日本外国特派員協会「報道の自由の友賞」受賞。最新刊は『日本中枢の狂謀』(講談社)、『国家の共謀』(角川新書)、『THE 独裁者 国難を呼ぶ男！ 安倍晋三』（東京新聞記者望月衣塑子氏との対談　ベストセラーズ）。「シナプス　古賀茂明サロン」主宰。

写真撮影／持城 壮（写真工房坂本）

断罪～政権の強権支配と霞が関の堕落を撃つ

2018年５月12日　第１刷発行

著　者　　村上 誠一郎　古賀 茂明
発行者　　唐津 隆
発行所　　株式会社ビジネス社
〒162-0805　東京都新宿区矢来町114番地 神楽坂高橋ビル5階
電話　03(5227)1602　FAX　03(5227)1603
http://www.business-sha.co.jp

印刷・製本　大日本印刷株式会社
〈カバーデザイン〉大谷昌稔
〈本文組版〉茂呂田剛(エムアンドケイ)
〈編集担当〉前田和男　斎藤明(同文社)
〈営業担当〉山口健志

ISBN978-4-8284-2024-0